把细小的事情做到极致

周 虹 / 著

BA XI XIAO DE SHI QING ZUO DAO JI ZHI

白马湖式的"优秀教育"管理智慧与实践探索

文匯出版社

把细小的事情做到极致就是绝招。

实践难忘教育，实现教育难忘。

教育是养土工程，必须躬耕于细节。

在白马湖学校，遇见更优秀的自己。

在白马湖学校，不追求最优秀的学生，只看见最合适的学生。

白马湖学校是一个校园，也是一个家园，我们都是白马湖家人。

让每一个今天都蒸蒸日上，让每一颗星星都闪闪发亮。

要想一直优秀，只有把优秀变成一种习惯。

白马湖学校的舞台很大，大到你不得不上台。

普通的团队指望明星，高水平的团队指望领导力，最厉害的团队指望团队。

把教育过程课程化，课程真实情景化。

打造绿色教育生态，实现教育可持续发展。

高品质的教育，必须让学生具有审美情趣，有过美好生活的能力。

教育的过程就是一个与美相遇的过程，培养学生面对一丛野菊花而怦然心动的情怀。

白马湖，"不马虎"——别人不愿意做的小事，我们认真去做。

白马湖声音

○○○

序 再论以教育家精神办学、治学

校长的职业角色是一个人被任命为校长之后所具有的社会地位与身份象征，是国家、社会、他人以及校长本人对校长行为的期待。校长的角色随着时代的发展也在不断变化，不同时期、不同文化背景，甚至学校不同发展阶段的校长所扮演的角色也明显不同。《国家中长期教育改革和发展规划纲要（2010-2020年）》指出："要造就一批教育家，倡导教育家办学。"近年来，一些学者对教育家办学的特征做了研究，概括起来主要有五点：一是追求真理，有哲学家的思维高度和深度；二是胸怀天下，有政治家的眼光和抱负；三是超越前人，有科学家的创新能力和不畏权威的个性；四是开拓进取，有把教育作为自己一生快乐的事业追求和企业家的经营管理艺术；五是实绩卓著，有成功的教育经历和社会民众认可的教育口碑。

对此，我的理解是，校长首先应该是一个教育教学的专家。

苏霍姆林斯基曾说过："我竭力做到使居于我这个校长工作首位的，不是事务性问题，而是教育问题。"学校是专门的教育教学场所，教育者角色是校长的核心角色，教书育人、管理育人是校长的根本职能。20世纪90年代以来，国际教育管理学界越来越重视校长的教育者角色，教育者角色是校长区别于其他行业领导者与管理者的重要方面。世界上许多国家都在校长任职资格的规定中要求校长必须有一定的教学经验，因此，多数中小学校长都是"教而优则仕"。特别是当前我国进行的课程改革，要求校长不断创新课程与教学管理体系，积极营造良好的教学秩序，建立科学的教学评价标准，确保教师的教和学生的学达到优质、轻负、高效的目标，这就迫切需要校长成为学术带头人和教育教学专家。

校长，还应该是学校团队成员的导师。

苏霍姆林斯基曾说过："一个好校长首先应当是一个好组织者、好教育者和好教师，即校长应作为教师的教师。"以教育家精神办学的校长，必须在不断追求自身专业发展和学校经营能力发展的同时，引领教师的专业发展。还要在学校重大问题上对教师启蒙开智，不断塑造教师的理念，关注每个成员的个人需要，挖掘出深藏在每个教师心中的力量，将零散的个人愿景整合成学校全体成员真心追求的共同愿景。校长有了这份愿景，才能创造出众人一体的感觉，从而形成分享的喜悦，让学校成为师生最眷恋的地方。

校长，更应该是学校使命的坚守者和未来蓝图的设计师。

《国家中长期教育改革和发展规划纲要（2010-2020年）》指出了教育的使命：教育是民族振兴、社会进步的基石，是提高国民素质、促进人的全面发展的根本途径，寄托着亿万家庭对美好生活的期盼。就中小学校长而言，在任何时候都要始终坚守教育的使命，特别是当政治规律与教育规律相冲突的时候，校长是否按教育规律办事，是考验校长使命坚守力大小的重要标志。校长要将学校使命转化为学校愿景和办学目标，使命、愿景和目标三者共同形成学校的教育哲学。学校的教育哲学是学校共同体的教育理想和团体的哲学信奉，它是学校办学的核心。校长是学校愿景的缔造者、办学目标的描绘者，应该把构建学校教育哲学当成学校的中心工作来做，把它当作一项持续进行、动态发展和永无止境的工作，以确保学校共同体成员能够共同前进，实现学校使命。

学校使命的最大作用是指导和激励。它需要校长不懈努力和长时间地奋斗与追求，有可能实现，也有可能不能完全实现，甚至根本就不可能实现，但校长和全校师生通过每一天的每一个活动、每一件事情一点点地向学校使命靠近。使命就好像是地平线上的启明星，是一种永远的追求，但永远也达不到。不过，虽然学校使命本身不变化，但是它激励着变化。以教育家精神办学的校长要具有拥抱变化的心态，根据社会发展和教育改革趋势，结合学校自身发展的条件及需要，设计学校未来，规划学校发展。

陶行知先生在《第一流的教育家》一文中指出，一流教育家有两类：一类是敢探未发明的新理，可称之为"创新教育家"；一类是敢入未开化的边疆，可称之为"辟远教育家"。古往今来，称得上教育家的校长一般都有卓著的办学绩效，都有成功的教育经历和社会民众认可的教育口碑。唯"人民满意"，是中小学校长的时代使命中的最强音。

以上文字，并非新说。知之者众，能行之者，周虹是其一。

从教30余年，周虹从一名语文教师成长为教学骨干、中层干部，出任校长、书记。一路走来，她首先肯定是语文教学的专家，也已然是团队教师的导师，并在不断修炼着作为一个教育者的使命坚守力，让个人的教育理想与学校的使命更趋统一。在学科教学上，她在其专著《因"自决"而"智觉"：白马湖式"优秀语文"思考与实践》中，展现了其作为一名语文教师对语文教学的有效性和语文学科的哲学性的探究，同时，也初步体现出其作为一名校长对语文学科哲学与学校教育哲学统一的发展性思考。

胡适在他的《中国哲学史大纲》指出："凡研究人生切要的问题，从根本上着想，要寻一个根本的解决：这种学问，叫作哲学。"如果说《因"自决"而"智觉"：白马湖式"优秀语文"思考与实践》是周虹对教育哲学的初探，那么，本书就是周虹作为一名成熟的校长，对学科教学、学校教育和管理哲学的深度思考，以及对其教育人生的有系统反思。在本书中，我们能看见一位校长对一所学校的设计，也能看见一所学校经由一位校长的经营而呈现的美好生态。其中的智慧，周校长将其归纳为"把细小的事情做到极致"。真正并持续地把细小的事情做到极致，正是白马湖式的"优秀教育"以及白马湖人的持续优秀的原动力。

大道至简，大哲归朴。世事纷扰，在各种理论、各色概念层出不穷的当下，能沉浸于"把细小的事情做到极致"的教育者，才真正能看见每一个生命拔节的美好！如此精神，才当得上教育家精神；如此教育，岂能不为人民满意？

把细小的事情做到极致，是白马湖发展的绝招，或许也是破题"教育共富"的白马湖高招。

肖远军　浙江外国语学院教授
浙江省陶行知研究会常务副会长

2022年夏，续写于小和山

○○○

自序 热爱，是一种幸福

作为一名白马湖的实践者和开拓者，站在这里，我思绪万千。我曾以岁月作笺，在时光的隧道中播种美好，在每一个日出伴随学生晨练，在每一个日落聆听教师心声，以一颗感恩的心对待教育中的所有，抖落岁月的尘埃，还原生命的本真。因为，我希望做一名纯粹的教育人。

作为教师，我特别感谢我的学生。从教一辈子，与无数朝气蓬勃的生命相遇，留下一路生机，让我永葆活力。学生的远方，也是我生命的航向！

教育是我的初恋。当年，我只身孤影，手握教鞭，满怀热情地挥洒汗水、投入生命……如今，虽银丝偶现，皱纹渐长，收获的却是一坛岁月酿制的琼浆：孩子们澄明的眼神、稚气的笑靥、热情的问候，让我见证了生命的纯粹与美好；硕果累累的奖杯奖状、倾注心血的著作文章、清白无私的教育初心，是我夜夜安眠的枕头。

作为校长，我致敬每一位内心坚持的白马湖人。一个人可以走得很快，一群人可以走得更远。我们呼唤培育一个时代的"明"（明白）师，致敬那些默默无闻解决问题、打磨课堂的良师，看见无数在校园里忠于职守、甘于平凡的人师——是你们以精神的能量、人格的热度，交汇为一束光，点亮一届又一届学生的未来，温暖而灿烂。

2015年，我们开疆拓土，攀着悬崖峭壁，在曾经荒芜的白马湖畔，披星戴月……

2016年，三大课程（基础课程、学社拓展课程、社会生活课程）并驾齐驱，战狼军训带来的不仅仅是身姿的蜕变，更是健全人格的形成……

2017年，五力（健康力、人格力、规划力、学习力、合作力）如五指，展如祥云，合如重拳，我们刀试创客，剑挑信奥，屡战屡胜，愈战愈勇，实至名归！

2018年，中考首战大捷，"朱火延起腾飞烟，长角浮叫响清天"，披荆斩棘，开创辉煌，白马湖逐渐显露于滨江，耀眼于杭城，那些惊艳了岁月的芳华，在初心不改的汗水中熠熠生辉……

2019年，国际理解教育群英荟萃，5A未来课程聚焦白马范式，信奥再创杭城初中之最，我们左牵"人文科创"，右擎"艺术体育"，"会挽雕弓如满月，西北望，射天狼"。

2020年，西安交大少年班初试锋芒，从此情缘深长，不断突破刷新。突如其来的"黑天鹅"事件，让我们AI云成长，家校合力，彼此相守，陪伴是最长情的告白，岁月静好是因为我们负重前行……

2021年，"双减"落地，白马湖一套组合拳出击，与时代同频共振；建党百年，我们百公里接力，共庆盛世繁华，坚守教育信念，敬畏生命力量，逐梦白马湖畔，不负韶华，不负热爱，为梦想，摘星揽月！

作为白马湖人，此时此刻我想说，理想如月，不是用来触摸把玩的，而是让航海者借其光而定航向的。海底月是天上月，眼前人才是心上人，从来没有哪一年像今年这样——我们对这个时代、对这个国家的责任，变得如此真实而迫切，向自己致敬，既为来路，也为当下，更为立杆于未来。

蓦然回首，每一次邂逅都是冥冥之中的"缘定今生，缘定白马湖"。白马湖结下了四缘：天缘、地缘、人缘与情缘。

犹记得今年的出征仪式，一直持续的绵绵阴雨下得人心中惴惴不安。仪式开始前10分钟，竟然雨霁天晴，白云在天空中画了一个大大的"V"字。我不禁感慨：因为心怀感恩，敬畏自然，我们结下了"天缘"。

《会稽地志》记载，汉周举乘白马游而不出，以为地仙，白马湖之名由此而来。而冠山西北，长河古镇，明清两朝有进士21人，举人39人，素有无"来"不放榜之说。在这块文昌宝地，每年的新年伊始，初三白马少年登顶冠山，开阔思想，勾连古今，神交古人，激发发愤图强，穷尽千里的拼搏精神。因为传承优秀，薪火不熄，我们结下了"地缘"。

自2015年至今，每一届的两百多名学子，其中绝大多数人的名字及其父母的样貌，我了然于胸，历历在目。每一次的重逢与相聚，满怀着热情与深情。如今7年过去了，白马湖承载着一个个家庭的梦想，向更宽广的天地航行。因为敬畏课堂、热爱学生，我们结下了"人缘"。

历经7年的岁月打磨，白马湖从无人知晓，到逐步形成了白马湖模式，打造了白马湖现象，彰显了白马湖风采，积蓄了白马湖力量，发出了白马湖声音。因为敬畏教育，追求梦想，我们的努力被看到、被认可，白马湖因此结下了广泛的"情缘"。

我坚信，这"缘"会升华为"福"，绵延不息，因为我们根深土厚，注定人远情长。

再回首，这是我们白马湖人最幸福的7年。诗人艾青曾说：为什么我的眼里常含泪水？因为我对这土地爱得深沉。请允许我套用这个句式："为什么我的眼里常含泪水？因为我们对白马湖爱得深沉！"这份爱，通过细小的事情达到极致；这份爱，达成于把细小的事情做到极致。

教育的诗意栖居，未必在远方。聚焦当下，把细小的事情做到极致，热爱且幸福！是为序，为白马湖式的"优秀教育"，落子。

2022年6月26日，于白马湖畔

目录

序　再论以教育家精神办学、治学 ·· 3

自序　热爱，是一种幸福 ··· 6

绪论　为白马湖人的教育 ·· 1

一、基于教育史的解答 ··· 3

二、立足区域发展的解答 ··· 5

第一章　学校文化提亮度——将建"优·美"生态做到极致

第一节　优化校园环境 ··· 12

一、诗意校园，其乐无穷 ·· 13

二、多样空间，助力发展 ·· 14

三、点滴细节，皆显温度 ·· 16

第二节　营造文化氛围 ··· 19

一、人人是主角 ··· 19

二、班班有特色 ··· 21

三、处处有书香 ··· 22

第三节　建设网络文化 ··· 24

一、基于"互联网+"，提升"白马湖"质量 ································· 25

二、基于新媒体，讲好"白马湖"故事 ····································· 27

第二章　教育教学增厚度——将创"优·智"课程做到极致

第一节　课程领导：顶层构架"一体两翼"形成性课程体系 ··········· 32

一、学校发展思路和目标定位 ·· 33

二、"一体两翼"的三维课程结构 ·· 36

第二节 "一体"为主：学业基础课程的筑基与增效…………… 39

一、筑基1：狠抓常规，夯实基础 ………… 40

二、筑基2：巧用结构，还原生活 ………… 42

三、增效1：均衡编班，分层教学 ………… 45

四、增效2：智慧课堂，精准赋能 ………… 49

第三节 "两翼"为流：学社拓展与社会生活课程的集群化与国际化 52

一、资源整合：以"五力"建构"五育并举"拓展课程群…… 54

二、功能创新：以"三实"综合主题课程实施国际理解教育 …… 57

三、统筹实施："二下二上"完善课程实施机制………… 62

第四节 课程评价：私人订制、特色奖项，树绿色质量观………… 65

一、私人订制，"评"添绿色质量………… 66

二、特色奖项，"评"促百花齐放………… 69

第三章 队伍建设拓宽度——将塑"优·能"团队做到极致

第一节 校长的价值取向与专业成长………… 72

一、放：下好一盘棋………… 74

二、抓：斟酌每堂课………… 76

第二节 中层的管理智慧与执行能力提升 ………… 79

一、增权赋能：打造最强团队………… 80

二、躬身入局：强化执行能力………… 82

三、中层反思：提升管理站位………… 85

四、后勤服务：实施精细管理………… 88

第三节 教师的成长共同体打造………… 91

一、四个能力立根基………… 92

二、两种引领明方向………… 94

三、分层培训助成长………… 95

四、评价创新促发展………… 97

　　五、多维展评激活力 …………………………………………… 99

　　六、阅读立言炼思想 …………………………………………… 104

第四节　家长的教育参与和同频共振 …………………………… 106

　　一、价值趋同，同频共振之基 ………………………………… 108

　　二、提升自我，同频共振有术 ………………………………… 110

　　三、身份认同，同频共振相契 ………………………………… 113

第四章　学生发展赋温度——将育"优·秀"学子做到极致

第一节　明德惟馨，润物无声 ………………………………… 118

　　一、级部管理，三全育人 ……………………………………… 119

　　二、兰心点亮，一体化育人 …………………………………… 121

　　三、白马湖仪式，人人享舞台 ………………………………… 125

第二节　家校共育，全员健"心" ……………………………… 128

　　一、完善架构，搭建心理健康教育框架 ……………………… 129

　　二、着眼细小，营造心理健康服务氛围 ……………………… 131

　　三、全面渗透，浸润开展校园心理服务 ……………………… 133

　　四、多方联动，延伸心理健康服务领域 ……………………… 135

第五章　引领诗意成长——写给白马湖人的N封家书

第一节　常态化成长：做这样的白马湖人 …………………… 138

　　做一个包容的白马湖人 ……………………………………… 138

　　做一个内心丰富的白马湖人 ………………………………… 141

　　做一个理性的白马湖人 ……………………………………… 144

　　做一个奋斗的白马湖人 ……………………………………… 148

　　做一个全xin（新、芯、心）的白马湖人 ………………… 151

　　做一个卓越的白马湖人 ……………………………………… 154

　　做一个清醒的白马湖人 ……………………………………… 158

做一个满怀希望的白马湖人…………………………………… 161

做一个践行梦想的白马湖人…………………………………… 165

做一个有气质的白马湖人……………………………………… 167

做一个理智的白马湖人………………………………………… 170

做一个眼里有光的白马湖人…………………………………… 174

做一个有血性的白马湖人……………………………………… 178

做一个铁纪柔情的白马湖人…………………………………… 180

做一个纪律严明的白马湖人…………………………………… 182

做一个精神明亮的白马湖人…………………………………… 184

做一个真正的白马湖人………………………………………… 186

第二节 非常态瞬间：白马湖人这样做………………………… 188

普通的白马湖人，可以做些什么……………………………… 189

第三节 点亮"燃灯者"：致白马湖家人……………………… 193

在白马湖采撷微笑——2016年新春致教职工家属的贺信……… 193

"缘"来是福，相遇是福，幸福白马湖——2017年新春致教职工家
属的贺信…………………………………………………………… 195

2018，向着幸福出发——2018年新春致教职工家属的贺信…… 197

2019，共同追梦——2019年新春致教职工家属的贺信………… 199

亲爱的，我想对你说——2020年新春致教职工家属的贺信…… 200

我们是相亲相爱的一家人——2021年新春致教职工家属的贺信…… 202

天马路500号的故事——2022年新春写给白马湖全体教职工家属的一
封信………………………………………………………………… 203

缘起湖畔——写给湖畔学校全体教职工家属的一封信………… 206

2019，让我们携手并进——新春佳节致家长朋友的一封信…… 207

附录1 他们眼中的白马湖人…………………………………… 209

附录2 他们给白马湖留下了…………………………………… 212

附录3 参考书目………………………………………………… 214

后 记……………………………………………………………… 217

绪论 为白马湖人的教育

白马湖学校从何来，白马湖学校向何去？

此时此刻，此地此情，

我们应该给白马湖人以怎样的教育？

○○○

自从有了人，就有了人类的教育活动。何为教育？杜威说"教育即生长"，认为教育"是一个不断改组、不断改造和不断转化的过程"。[1]陶行知主张"生活即教育"，认为教育是与社会生活需要和社会生活实践密切结合的，"是生活就是教育"，"是什么样的生活就是什么样的教育"。[2]

这对师徒对"教育"的理解，很明显地呈现出教育的动态过程性和社会生活性。教育的这两种特性使得人类教育的历史进程虽然错综复杂，却依然显示出发展的阶段性。

在不同的发展阶段，人类教育会表现出一定的特点。这些阶段性特点汇集起来，形成一定的发展轨迹，就反映出了教育发展的规律，昭示着教育必然的发展趋势，给今人（尤其是教育人）以启迪。

"今天由昨天而来，明天由今天而去。"全国优秀教师叶存洪教授十分强调"校长要学点教育史"[3]——只有读点教育史，才能知今日之所来，晓今日之所去，才能真正立足于宏观的人的发展，去思考今天教育中的许多问题的来龙去脉、前因后果。

于是，当我第一次以初中部校长的身份来到杭州二中白马湖学校（以下简称"白马湖学校"）的在建工地上时，我就在思考——

白马湖学校从何来，白马湖学校向何去？

此时此刻，此地此情，

我们应该给白马湖人以怎样的教育？

---

[1] 杜威：《民主主义与教育》，人民教育出版社，1990年版。
[2] 陶行知：《生活即教育》，载《乡村教育》，1930年第3期。
[3] 叶存洪：《校长要学点教育史》，载《江西教育》，2014年第11期。

一、基于教育史的解答

人类教育史发展的阶段性是客观的。学界按照教育发展显示的阶段性特点，将人类教育史划分为四个阶段，即人文教育时期、宗教教育时期、科技教育时期和主体教育时期。[①]

当人类为了种群的存续而有意识地引导后代的行为时，教育活动就开始了。这一时期的教育，以人类区别于禽兽的人文特征为主要内容，即**人文教育时期**。一般认为，人文教育是指对受教育者所进行的旨在促进其人性境界提升、理想人格塑造以及个人与社会价值实现的教育，其实质是人性教育，包括关于人类认知、经验、情感、道德的各门学科和知识的总称。我国最早的人文教育以西周最为系统，以春秋时期"百家争鸣"最为繁荣。当时，诸家教育虽观点不同，但都是面对天下大乱、生灵涂炭的社会现实而做出的不同策对：从不同角度谋求人的生存与发展。

然而，以人文教育来教化人并不能解决当时社会的根本矛盾——统治阶层与被统治者之间的物质利益冲突。于是，人类社会的教育就进入了另一个时期——**宗教教育时期**。宗教教育时期以宗教为主要教育内容。此处的宗教是人类社会发展到一定历史阶段出现的一种文化现象，属于社会意识形态，并不是原始社会的自然崇拜。在中国，以儒、佛、道为三大代表。各教通过不同的方式，塑造出超然于现实世界的某种神秘力量或实体，以之为统治阶级最高意识形态的代言，使人们对其产生敬畏及崇拜，从而引申出信仰认知及仪式活动。其教育的根本目的，是以"天赋神权"巩固"君为臣纲"的封建专制统治秩序。甚至农民起义，也要打着"替天

⊝ 西周的国学以德、行、艺、乐为内容，乡学则以乡三物（六德、六行、六艺）教万民，无论在国学还是在乡学中，道德修养都是摆在最核心位置的。春秋时期，诸子百家著名的学派也都是围绕道德修养展开说教的。

⊝ 儒教不等同于春秋时期的儒家学说。它是西汉董仲舒借鉴道家"天人合一"思想对儒家学说进行的改造。其核心是用"天人感应"把汉武帝说成是"天的儿子"，以"天子说"确立了帝王在专制社会中的统治地位，进而以"君为臣纲"作为处理一切关系的最高准则。至北宋，儒教教育开始与道教、佛教融合，形成理学教育，更多地引导人们的生活处事，使宗教教育的特色更为明显。古代统治者推行的纲常教育是儒教的核心教育内容。

[①] 刘兆宇，李陈宇：《人类教育史的四个基本阶段》，载《淮北师范大学学报》（哲学社会科学版），2013年第10期。

行道"的旗号以期建立更为美好的社会，足见宗教教育影响之深。

当宗教偶像也无法引导人们处理好人与人的物质利益关系，无法满足人类旺盛的物质需求时，**科技教育时期**就来临了。西方文艺复兴时期提倡人性，淡化神性，引导人们不再禁欲，实际上是在刺激资本主义生产与消费，通过工业革命促进生产力发展，以此解决社会财富不足的问题。伴随着掌握先进工业生产力的老牌资本主义国家的殖民扩张，东方落后的农业国也开始了"师夷长技以制夷"的科技教育。近代中国科技教育开始的具体标志之一，就是鸦片战争后的洋务运动以及后来形成的"中体西用"思想。现代中国科技教育主要有两个阶段的集中表现：一是在20世纪20~30年代的科学救国思潮、职业教育思潮；二是在中华人民共和国成立以后，随着社会主义制度基本建立，为消除人民对于建立先进的工业国的要求同落后的农业国的现实之间的社会主要矛盾，提出"科学技术是第一生产力"而实施的科教兴国举措。但和其他发展中国家的科技教育一样，我国的科技教育也面临着本土文化和西方科技的矛盾问题。

但人类社会发展的事实却让人们发现：科技教育并不能从根本上消除人民日益增长的物质文化需要同落后的社会生产之间的矛盾，也没有给所谓的发达资本主义国家带来永远的富裕和强盛。并且，科技发展带来的物质生产过度、生态环境污染、人文关怀缺失等问题也越来越成为制约人类可持续发展的顽疾。

旧的矛盾没有消除，新的矛盾又摆在了眼前。于是，人类的教育由此进入一个依靠自我的阶段——**主体教育时期**。主体教育强调教育是一种自我的唤醒，重视受教育者的主体意识唤起和主体能力形成，其目的和特征是培育和完善人的主体性，使人成为社会活动的主体。人的主体性是人区别于动物的本质属性。比如，动

○ 科技教育让老牌资本主义国家率先发达了。牛顿力学和瓦特蒸汽机等科学技术成果就是最好的说明。至于思想领域，夸美纽斯主张泛智，狄德罗主张通过发展科技消除社会贫困，斯宾塞和赫胥黎等通过演讲引导民众重视科技，都是在推动科技教育，对学校教育和家庭教育产生了深刻的影响。

物都有怕火的生物性，人也如此，但当山上着火动物都逃跑的时候，人类却会选择救火，以保全赖以生存的环境和资源。这种选择，就是人的主体性。人类正是因其主体性而具备人性。教育就是要追求人的这种主体性的成长，唯此，才能让人更自由、能动地参与社会活动，去改造社会，谋求发展。

社会层面的主体教育最早见于马克思主义教育思想，而在学校层面的主体教育思想和实践探索，则通过杜威和蒙台梭利体现出来①。前者影响了整个中国的教育总方针、总路线，后者则直接影响、促使了蔡元培、陶行知、陈鹤琴等教育家的现代中国学校主体教育实践。

虽然主体教育并没有像宗教教育那样成为一种制度，但它既重视人文教育，也不排斥科技教育，更符合教育的价值追寻和教育发展的规律，因而得到了人们的广泛认同及有意识的践行。主体教育成为当下甚至未来最符合人类发展的教育活动。

教育作为一项人类活动，终究是为人的发展服务的，教育的发展也必然回归于人的发展。

白马湖学校为人的发展而来，

白马湖学校为了全面发展的人而去，

此时此刻，白马湖人应该享有主体性极致发展的教育。

二、立足区域发展的解答

从人类教育的发展史可见，不同阶段的教育不是完全割裂、此消彼长、更秩迭代的；不同阶段的教育表现形式也不是单一的——从人文教育时期的"诸子百家"到主体教育时期的"存在主义""建构主义""后现代主义"等不同思潮，各种教育思想与理论在不同的国家与地区争鸣，各领风骚。如果我们以人类文明进程的时间和地理空间建立坐标系统，审视人类各个阶段的教育

---

① 王道俊：《主体教育论的若干构想》，载《教育学报》，2005年第5期。

⊝ 19世纪40年代，马克思、恩格斯基于发达资本主义国家工人赤贫的困惑，在空想社会主义基础上提出了共产主义理论。在其著作中，马克思试图解读人类区别于动物的本质属性，强调以人的自由而全面的发展为教育的目的，通过人的主体实践，在高度发达的精神文明和物质文明的基础上，用高度发达的生产力保证对全人类的人文关怀，建设一个消除了剥削和压迫、人与自然和谐共生、人与人有序自由联合的共产主义社会。

⊝ 20世纪初，蒙台梭利在自己开办的幼儿之家进行教育实验。她抛弃了传统的纪律要求，借助各种蒙氏教具，让儿童通过自由劳动实现自由精神的成长和劳动技能的获得。

⊝ 杜威的芝加哥学校是最明显的主体教育实验。他以儿童为中心，让教师退居助手（helper）的地位，这样定位的真正用意在于让儿童从小自主，长大后成为有自主精神和自由习惯的公民。

活动，会发现有一条人类持续发展的明线和一条生产力革命带动的暗线贯穿始终。换言之，即人类的任何一种教育活动，都必须在特定的时空锚定下进行，任何一个阶段的教育都是在特定的时空中经由物质文明与精神文明发展的量变带来的质变。

正如美国著名环境史学家威廉·克罗农（William Cronon）在《环境史的用途》一文中所言："人类并不是创造历史的唯一演员，其他生物以及自然发展进程同样创造了历史。"① 因此，只有在时空的坐标体系里的、符合明暗双线发展的教育，才是真正符合人类本体价值的教育活动。

随着社会生产力水平的大幅提升和人民生活水平的显著提高，2017年，习近平同志在党的十九大报告中指出："中国特色社会主义进入新时代，我国社会主要矛盾已经转化为人民日益增长的美好生活需要和不平衡不充分的发展之间的矛盾。"2021年，我国的国民经济和社会发展的"十四五"规划出台，关于教育，要求"到2025年，基本建成适应国家教育改革和未来发展趋势、符合教育规律、满足区域发展需要的高质量教育体系"。

这是我们所处的时代、是我们立足的土地给出的新考题。社会矛盾的转化要求教育必须主动适应人的平衡、充分发展的需要。"区域均衡""高质量发展""适应未来"成为"共同富裕"语境下的教育发展新指征。

聚焦白马湖学校，它坐落在杭州高新区（滨江），创办于2015年夏天，正是国务院批复同意高新区（滨江）建设国家自主创新示范区的当年。

自2015年起，高新区（滨江）这个在行政区划上正

⊖ 高新区（滨江）是浙江省杭州市下辖的一个新区，位于钱塘江南岸。2002年，由杭州高新技术开发区和滨江区行政城区合二为一而成。高新区（滨江）始终坚持发展高科技、实现产业化、建设科技新城，牢牢把握"高质量发展与可持续发展""高质量发展与高水平治理""高质量发展与高素质队伍"三对关系，深化产业业态、城市形态、人才生态三态融合，全力打造数字经济和制造业高质量发展的双引擎，奋力推进世界一流高科技园区建设。

① W. Cronon. The Uses of Environmental History. *Environmental History Review*, 1993, 17（3）, pp. 1-22.

式确立不过十余年的新区，就充分依托国家自主创新示范区先行先试优势，开始了全方位的高质量发展探索。摆在首位的，就是关乎民生的教育高质量发展。因此，白马湖学校从孕育起，便被赋予了"高质量"基因。浙江省杭州第二中学（以下简称"杭二中"）120年的积淀给予了白马湖学校追求卓越、眼观未来的精神底色。然而，30多年的教学深耕和近20年的校长职业历练让我深刻意识到，高新区（滨江）大力投入打造的白马湖学校绝不是简单地异地复制一个杭二中，办一座"水土不服"的杭二中白马湖分校。

所以，作为白马湖学校初中部的首位校长，我提出了"借船出海"的理念——杭二中这艘大船，足以让我们"长风破浪会有时，直挂云帆济沧海"。学校与杭二中无缝对接，一方面直接与杭二中共享优质资源，通过与杭二中国际班展开合作、竞赛团队直接下沉，共建学生活动，联合培养艺术、科技、创新技术等团队；另一方面依托杭二中名师资源，通过建立杭二中名师工作室、特级教师工作室，设立杭二中白马湖学校教师培训基地、青年教师到杭二中进行跟班学习等举措，促进学校教师发展，最终让白马湖人能自己掌舵扬帆。

同时，船行万里，越是高位起航，越需要向下沉淀。虽有杭二中先进的理念和厚重的底蕴为基石，但是理想和现实之间的桥梁架设必须沉浸于高新区（滨江）这片"海"，走创特色、提质量、树品牌的内涵发展道路。

作为杭州的一个新区，高新区（滨江）全域是以科技化、城市化、景区化的形态打造的，拥有一流的环境；作为国家自主创新示范区，高新区（滨江）具有产业结构优、创新能力强、体制机制活的改革优势。因此，高新区（滨江）很快就聚拢了国内外一流的人才和一流的企业，成为百姓口中的"国际滨"。国际滨高素质人才的子女教育需求和国际滨原住民渴望提升的子女教育需求，正是白马湖学校的聚焦点、着力点与成长点。

需求是人类的一种特殊社会意识，是人类存在的价值基础。从某种意义上说，人类的发展历程就是人类为自身的生存和繁荣而不断地生产劳动，不断地产生需求，又不断地为满足需求而进行更多的生产劳动和其他社会活动的过程。对人的需求的理解，是人类文明水平的重要标志。从人类教育活动的角度看人的需求，最为经典、也最具参考价值的理论模型就是人本主义心理学家马斯洛的需求层次理论。[①]他指出，人有五种（后来扩展为八阶，如下图）最基本的、与生俱来的需求，构成不同的等级或水平，并成为激励和指引个体行为的力量。这些需求有低级需求和高级需求之分。低级需求直接关系个体的生存，也叫缺失需求（Deficit or deficiency Needs），当这种需求得不到满足时直接危及生命；高级需求是后来扩展的，不是维持个体生存所绝对必需的，但是满足这种需求使人健康、长寿、精力旺盛，也叫生长需求（Growth Needs）。高级需求比低级需求复杂，满足高级需求必须具备良好的外部条件：社会条件、经济条件、政治条件等。

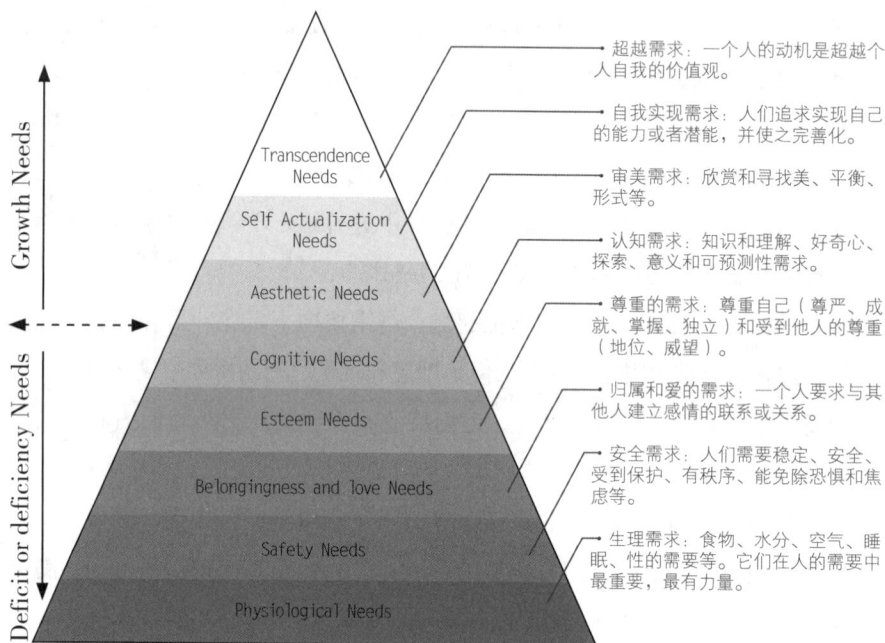

国际滨显然已经具备了满足人的高级需求的外部条件。相应地，作为国际滨所需要的学校教育，白马湖学校也必然要将满足白马湖人的需求做到极致——竭尽所能地为白马湖人创设满足低级需求的校园文化，唤醒并赋予他们实现高级需求的能力，让每一个白马湖人都能在这里遇见更优秀的自己。

基于此，我提出了立足于"四个基本原则"的"白马湖大学"管理

---

① Maslow, A. H.Religions, values, and peak experiences: New York: Penguin. （Original work published 1966）, 1970.

构想。

——基于学校文化，提亮度，将建"优·美"生态做到极致。薪火相传二中文脉，扎根汲取区域文化，优化校园环境，营造文化氛围，通过校风校训、校园景观、校园活动、师生行为等体现"白"的纯洁无瑕、"马"的拼搏进取、"湖"的包容沉稳。

——基于教育教学，增厚度，将创"优·智"课程做到极致。遵循"质量立校、科研兴教、全面育人、创建特色"的指导思想和可持续发展理念，以课程改革与建设为动力，广聚教育资源，深化教育改革，彰显办学效益，以期达到"资优教育品牌化，世界教育中国化"的办学追求；努力打造生态课堂，让学生享受私人订制的学习生活；创设社团课堂，满足学生的差异化、个性化、多元化发展需求；开展国际理解教育，培养具有中国灵魂、世界情怀的，以超越自我为动机的，关注人类命运、关心地球可持续发展的"全球公民（Global Citizenship）"。

——基于队伍建设，拓宽度，将塑"优·能"团队做到极致。打造紧密团结的高效管理团队，彰显团队优势；打造教师成长共同体，通过专业引领、同伴互助、自主提升促进每一位教师的专业发展，成为有教育理想、有主动服务意识、有反思与创新能力的智慧型教师；探究家长教育参与指导新形式，促进家校融合；强调团队合力与个人能力的效能边界双拓宽，实现"聚是一团火，散是满天星"的目标。

——基于学生发展，赋温度，将育"优·秀"学子做到极致。基于家国情怀、公共道德、身心健康、社会参与、学会学习、国际视野六大核心素养，通过开展序列化的节日纪念日活动、仪式教育活动、团队活动、学科周课堂节活动和各类社会生活主题实践，在活动与实践中立德树人，让学生"在白马湖，遇见最好的自

⊖ 白马湖大学不以空间的"大"为追求，而是要像大学一样，有文化亮度；白马湖大学不以课程内容的"大"为追求，而是要像大学一样，有丰富的课程，有教学厚度（目前有学生的48门拓展课程，有教师专业、教育心理学课程、家长的亲子教育等课程）；白马湖大学不以"大学者教大学问"为追求，而是要大学一样，不拘一格，广纳贤士，有更大的施教与受教群体，教师有宽度，学生有温度（无论是专业教师、校外的专家学者、各行各业的专业人士，还是生活老师、学校保安都是白马湖人的老师，而学生、教师与教职工、家长也都是学校里的学习者）。

己";开设心理健康课堂,全员育"心",享受高品质的校园人际关系,努力让学生发现身边优秀的白马湖人,努力成为一个优秀的白马湖人。

教育是养土工程,必须躬耕于细节。白马湖学校高位起航,从零起步,经过五届中考,成功跻身杭州市一流初中前三甲,被《滨江发布》盛赞为"把滨江教育拉到了一个新高度"。成功的秘诀,正是"把细小的事情做到极致"。因为白马湖人的动机从来都是超越自我,做更优秀的自己。

如今,站在白马湖学校的橙色校门外,眺望湖畔学校的一抹橙色,作为第一名白马湖人,我更清晰地看到了"白马湖式"的优秀教育的核心价值观——

白马湖学校为人的发展而来,

白马湖学校为了超越个人自我而去,

此地此情,每位白马湖人都在享有为最高级需求发展的教育。

第一章
学校文化提亮度
——将建"优·美"生态做到极致

白马湖畔，冠山脚下，白马湖学校的生活自有一份山高水长的盎然诗意与乐山乐水的自然智慧。我们本着这样一个理念：和谐的教育生态，应该植根于现实大地，给每一个生命体以肥沃的土壤、充足的阳光和丰沛的雨露，使之茁壮成长。湖光山色，孕育了白马湖学校文化；人人参与，点亮了白马湖学校文化。

第一节　优化校园环境

　　"蓬生麻中，不扶而直；白沙在涅，与之俱黑。""人本身是自然界的产物，是在自己所处的环境中并和这个环境一起发展起来的。……人创造环境，同样环境也在创造人。[①]"中学阶段是一个人培养身体素质、心理素质、科学文化素质和思想道德素质的关键时期。学校是培养与塑造未来人才的主要教育场所。白马湖学校作为一所全寄宿的初中，学生完成三年初中学习，需要在学校度过约一千个日夜。因此，我们不可忽略学校环境在这一千个日夜中对学生的重要影响。

　　"环境育人"是现代校园建设中指导环境营造的重要思想。学校的环境实质是学校文化的物化，是"教育表达式"的非语言文本内容的体现，是反映学校教育目的和价值取向的有效载体。良好的校园环境建设，应该通过绿化、景观，以及各种活动项目和运动设施的设置，来提供能力培养的教育情境，培养学生的审美想象能力和审美情感，使他们在环境中受到潜移默化的熏陶，以达成教育目的，实现发展目标。[②]同时，良好的校园环境建设，可实现学校识别度与形象感知度的双重提升。要充分发挥环境的育人功能，其设计要遵循以下三个原则。

　　——绿色生态性原则。尊重自然，保护生态，将营造绿色、可持续发展的育人环境摆在首位。故中学校园环境规划要充分利用原场地周边环境，保留基地自然景观资源；整体布局，统筹规划，利用建筑群体与自然环境的融合巧妙设置校园空间。

　　——空间多样性原则。中学校园环境规划要充分考虑中学生的年龄特点，尊重中学生的心理与行为发展，按照学生核心素养发展需求，有针对性地设置空间类型，结合设置小范围的标志装置，让有限空间的教

[①] 马克思，恩格斯：《马克思恩格斯全集》（第一卷），人民出版社，1956年版。
[②] 扬·盖尔：《交往与空间》，中国建筑工业出版社，2002年版。

育功能得到最有效的发挥。

——感官多元化原则。根据加德纳多元智能理论，人类的学习过程是一个多感官互动的过程。中学校园环境要利用色彩、形体、光线等视觉元素，使用生物声、水声、风声等声音元素，借助芳香气味植物等嗅觉元素，以及材质、温湿度、软硬质等差别的触觉互动体验唤起学生场所记忆。同时可以适当增设水体，设置起伏变化的地形，使校园空间格局变得更加灵动多变，富有层次性和趣味性，激发学生对空间环境的探索欲。

一、诗意校园，其乐无穷

教育既不能诞生于真空中，也不能脱离环境而单独存活。白马湖畔，冠山脚下，白马湖学校的生活自有一份山高水长的盎然诗意与乐山乐水的自然智慧。我们本着这样一个理念：不要把人的灵魂禁锢在钢筋水泥的牢笼里，我们要让学生接触大自然、亲近大自然、享受大自然，在湖光山色中享受现代文明的成果，浸润身心。因此，从学校筹建开始，我们就一遍一遍跑工地、看装修、改设计，将校园打造成一座集古典园林的天人合一与现代学校的标准化于一体的"生态开放型"校园，把理念融入学校的一草一木、一砖一瓦中。

白马湖细节1

"棋"乐无穷[1]

迈入学校大门，映入眼帘的是一条大道、两汪活水。白马湖水被引入校园，浸润书香，化身孔孟池池水。四季苗圃、常青之树驻守在孔孟池的东西两侧，大理石雕塑而成的国际象棋棋子均匀分布于孔孟池南北两端。中间黄色的大道如金光大道，又如中国象棋中之楚河汉界。

入门见棋，"棋"乐无穷——这是所有走进白马湖学校的人的第一感觉。这也是我们校园生活的目标与写照。

国际象棋是艺术的体操，是集艺术、智慧、娱乐于一体的结晶。国际象棋中的每一枚棋子，都被创造者赋予了意义，每一枚棋子都代表着一种精神，或者说是

一起扫码，
VR云游白马湖学校

---

[1] 本书中所有"白马湖细节"教育观察和叙事除特殊注明外，均由作者撰写。

一种态度。这些被赋予了意义的棋子对于白马湖人来说，是告诫，是警示，也是白马湖学校的校园文化、精英气质。

兵，是执着的代名词——有一颗执着、永不停息的心，就有无穷的可能。

马，有着自己特有的、独一无二的走法——不受拘束的马告诉我们，要勇于打破思维的枷锁，敢于创新、敢于突破。

象，双象合力才能将威力发挥至最大——一个人的力量总是有限的，只有合作，才能将有限的个人力量凝聚起来发挥出最大力量。和而不同、携手并进的白马湖人，有个性更有凝聚力。

车，走法"正直"——它告诉我们，做人要坚守自己。

后，注重全面发展——"十字形人才"。

王，一子定乾坤——关键时刻要敢于决断。

和而不同、饮水思源、深谋远略、勇往直前、守住边界——这是我们白马湖学校的校园景物，更是白马湖人的精神气质。

白马湖细节2

天马行空

马是白马湖学校校园文化的中心，马的元素随处可见。在电子屏前，两匹长鬃飞扬、奋蹄腾空的白马、黑马，更是学校的文化写实。

它是有形的，骁腾、骁骏、斓骐、骐骥、青骢……浸润到了班级文化之中；它又是无形的，是我们治学的精髓：斑马的遒劲、金马的与众不同，铸就出白马湖人的优秀、奋斗、智慧、丰富、包容、清醒的气质。

当城市还没醒来的时候，我们的学生已经在微弱的晨曦中踏着响亮的步伐晨跑；傍晚吃完饭，图书馆里也总是扎堆了不少忘我看书的学生；每周的晨会更是展现同学们精彩创意的舞台……白马、黑马、金马……万马奔腾。

白马湖的教育是植根于现实大地的教育，是着力于核心素养的教育，是面向诗与远方的教育。

二、多样空间，助力发展

空间规划，是校园环境设计中最重要的一部分。校园的空间规划一方面要强调自然生态性，借助不同种类、不同习性要求的绿化和艺术装置沟通室内外空间，在满足生态功能的同时，满足教育功能；另一方面还要注重室内外空间的延展性，让学生将学习空间延伸到自然环境中。如，一到春天，各种各样的花成了学校的导游：从"棋乐无穷"到"天马行空"，三色堇夹道欢迎；"天马行空"雕塑下，郁金香正悄然绽放；转入教学楼的连廊，李花用清雅的香气给琅琅书声做伴；从走廊看出去，玉兰亭亭玉立；晚自习时，教室里的蟹爪兰仿佛也在安静地阅读；就寝了，生活区窗外的梅花用暗香浮动伴君入梦……这些花，既是学生作文里托物言志的载体，也是他们美术课上的写生模特，还是科学课上的观察对象……他们观察、描绘、记录花卉的生长状态，制作自然笔记，用二维码为其他同学提供第一手"花草资讯"，与学校的一草一木"日久生情"。

花园式白马湖空间规划

同时，校园的空间规划还要强调功能性。白马湖学校的校园空间分为学习区、休闲区、运动区、劳作体验区、艺术教育区、安静阅读区、生态观赏区、生活区等。尤其值得骄傲的是，学校特别注重环境中运动种类的多样性，因地制宜，打造了适合中学生身心发展需求的多样运动空间。这样既有利于学生的体能训练，又可使学生在运动互动中培养团队精神、合作意识和勇于拼搏的品质等。

白马湖细节3

拥有码头的学校

白马湖学校是一所拥有自己的码头的学校，可以开展相应的水上运动项目。皮划艇课程就是我们的独家特色学社拓展课程。沉稳、节制、精准、控制——皮划艇运动对于运动员的要求，与白马湖的校训"天马行空，崇实敏行"不谋而合。

功能性白马湖空间规划

夏日划水，是孩子们的最爱

老师也爱划水

⊖ 历史上，白马湖曾被称作"排马湖"，因其扼吴越地理要冲，为历代兵家必争之地。相传，春秋末期，吴王夫差在此排马布阵，攻打困守于傅家峙的越王勾践，以此得名。

目前，学校拥有20多艘训练用艇、3艘专业用艇和皮划艇专用码头。中、小学学员近100人，学社拓展课程和学院课程开展得有声有色。初中部的皮划艇社和小学部的皮划艇学院课程，每周都会有一次课，由学生自主报名，每学年总计有近140人参与学习。学生进入学社课程后，老师会教授皮划艇、中国传统龙舟文化、皮艇球运动等课程项目。世界冠军许亚萍老师作为学校皮划艇学社的技术指导，从皮划艇课程教材的编写，到专业运动员的培养模式，再到整个课程的构建思路，都给出了专业建议。皮划艇课程的培养体系，分为三个层次：从面向大众的体验课程，到以学年为单位的社团及学院课程，最后上升到专业运动员的培养。目前，学校在滨江区的皮划艇注册运动员有40人，他们可以参加市级比赛。

著名学者梁从诚先生说："没有孩子生来不爱树林、池塘、草地，不爱野花和小鸟。如果他们茫然，那是现代生活对童心的扭曲……在孩子心中播撒绿色的种子，将是我们对自然最好的回报。"坐进皮划艇，学生们或尽情地徜徉在白马湖的怀抱中，感受山水自然，参悟的是乐山乐水的智慧；或在白浪间奋力搏杀，体验挑战江河，顿生的是钱王射潮、吴王排马的豪情。是的，自然是最好的老师，自然也是最生动的课堂。在皮划艇活动中，即使遇到挫折，即使遭遇失败，也足以让孩子们体悟到荒岛求生的鲁滨孙、手斧男孩的孤勇。正如吴晨浩同学所言，皮划艇课上，失去平衡翻船的那一刻非常慌张，但"学习任何技能都是要有冒险精神的"。

三、点滴细节，皆显温度

从"孟母三迁"到传统书院的"天人合一"，再到当今社会愈演愈烈的"择校热""学区房"，古往今来，人们无时不在选择更加优良的学习环境和更加优秀的同伴群体。这是因为环境是影响人成长的一个重要因素，它对人的成长具有制约规范功能。"入芝兰之室，久而不闻其香；入鲍鱼之肆，久而不闻其臭"，正是人对环境规范的服从与妥协。优化校园环境，不仅要营造诗意，锦上添花，给学生以美的教化，更要将育人目标植入环境规范中，优化环境细节，赋予环境以"贴心"的温度，才能导引师生行为发展，使其在校园中首先能感受到行为的安全感与舒适感，自然发展行为的秩序感与美感。美国著名心理学实验"破窗实验"的结论也验证了这一点。

在白马湖学校，你会看到，无论在阅览室还是教室里，书架上的图书总是分门别类、有序排列的——师生取阅书籍时，自然就轻拿轻放、阅后归位了。你还会看到，白马湖学校的厕所无论台面还是地面，从来都没有积水——师生如厕洗手，自然就会注意节约用水，不会把水洒出来……凡此种种，我们通过环境细节，直观呈现了教育目标，让教育通过环境发生和实现。

白马湖细节4

神奇的路

在白马湖学校有一个老梗：白马湖有一条神奇的路，只能在夜间走——白天谁踏上了它，谁就会摔跤。

这条路，并不是校内某条具体的道路，但在这条路上，有学生摔过跤，有老师摔过跤，最严重的，还有摔断腿的。因为这条路的存在，我发现，在某一段时间里，师生状况频频：学生出操，总不能达到"静、齐、快"的要求；学生用餐，总有那么一两个把饭菜弄地上的；甚至教师开会、进班也偶有迟到的，就更别说学生大课间、体育锻炼无法全力以赴了。这条路，如同一个魔咒，让师生都惴惴不安。

我意识到，为了让白马湖家人安心，必须将这条喜欢"惹是生非"的路揪出来。于是，我和后勤的老师们如侦探一般，抽丝剥茧，终于发现了这条路"作祟"的蛛丝马迹。

问题出在学校建设初期主体建筑与户外连通的路面材料上。这种材料色彩丰富，延展性和环保性能俱佳，只是使用到一定年限后会出现沾水后不防滑的现象。要解决问题，就必须把所有使用这种材料的路面全部换了——这是大工程，需要大投入。最终，我和后勤的老师们一起，制作了一份详细的报告，用事实和数据说服了领导。后勤的老师戏称，这份报告，足以拿下一个价值两亿元的大工程。

于我而言，这份报告的价值，远超两亿。它换来的，是学校秩序的恢复，是师生的健康平安。杜甫有诗云，"在山泉水清，出山泉水浊"。一所学校，希望学生接受怎样的教育，就应该先给予他们怎样的环境。

白马湖细节5

洗手不再"冻手"

疫情当前，餐前、厕后洗手已经成为关乎所有人健康的一个必须落实的教育行为。然而，随着一场寒流，杭城大街小巷的水管冻破了不少。在这样"冻人"的温度里，连出门都是需要勇气的，更别说规规矩矩把手洗干净了。

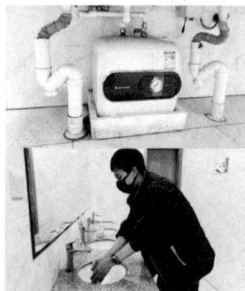
有"神器"增温，洗手也温暖

绘有白马湖吉祥物"小梦"的布帘，即方便学生进出，又保护学生隐私。灵感来源于日料店

其实，带过班的老师都知道，每到年前，班里生病的学生就会渐渐多起来。因为冬季是流感病毒、诺如病毒等的高发季。此时，对学生进行卫生教育就显得尤为重要。然而，"冻人"的现实却是，面对水龙头里流出来的刺骨冷水，"餐前、厕后洗手"就只能流于一句口号了。

问题该如何解决呢？一次去朋友家做客，她家厨房里的一样"神器"——小厨宝——给了我灵感。小厨宝是一种小型的台下热水器，常见于厨房，解决了家庭主妇们冬季洗菜、洗碗冻手的难题。既然厨房可以用，学校里为什么不能用呢？于是，新的一周开始的时候，学生们欣喜地发现：学校里洗手间的水都是热的！

作为白马湖学校初中部的大家长，想在前面，做在前面，让学校有家的温度，已经成了我的一种习惯。我并不是一个特别有生活智慧的人，但是逛商场的时候，外出就餐的时候，我总是能获得许多让学校更有家的温度的灵感。正是这些点滴，汇成了"美好教育"。

第二节 营造文化氛围

文化是一所学校的灵魂。真正的教育，绝不仅仅是讲道理、传授知识，更不纯粹是开发学生的智力，而是像苏格拉底所说的"点燃火焰"，把人类的精神能量传递给学生。文化，正是人类精神力量的载体。[①]

教育部《中小学德育工作指南》中指出，中小学"要依据学校办学理念，结合文明校园创建活动，因地制宜开展校园文化建设，使校园秩序良好、环境优美，校园文化积极向上、格调高雅，提高校园文明水平，让校园处处成为育人场所"[②]。其建设主要可以概括为"学校精神""班级文化"和"阅读浸润"三个层面的五大路径。

——学校精神层面。1.凝练学校办学理念，加强校风、教风、学风建设，形成引导全校师生共同进步的精神力量。2.鼓励设计符合教育规律、体现学校特点和办学理念的校徽、校训、校规、校歌、校旗等，并进行教育展示。3.创建校报、校刊，进行宣传教育，可设计体现学校文化特色的校服。

——班级文化层面。建设班级文化，鼓励学生自主设计班名、班训、班歌、班徽、班级口号等，增强班级凝聚力。

——阅读浸润层面。推进书香班级、书香校园建设，向学生推荐阅读书目，调动学生阅读积极性，尤其提倡小学生每天课外阅读至少半小时、中学生每天课外阅读至少1小时。

一、人人是主角

恩格斯说："文化上的每一次进步都让我们向自由迈进一步。"对于学校来说，文化上的每一次进步都让校园向美好迈进了一步。但是，

[①] 万明钢：《文化视野中的人类行为》，甘肃文化出版社，1996年版。
[②] 中华人民共和国教育部：《中小学德育工作指南》，教育部，2017版。

学校文化建设是一项系统工程，其建设究竟应该依靠谁？我认为，每一个白马湖人都是学校文化建设的主体。

学生自己设计、订制并扮演的吉祥物"小梦"

校园Logo的设计、建筑的命名、校徽的阐释、廊道的布置、班级文化的创建、学校活动的创办等，处处见学生和教师的亲力亲为。比如，学校Logo设计，学生说白马湖学校依托百年名校杭二中办学，传承了二中"蕙质兰心"之精髓，因此，从二中校标"蕙兰"的一片花瓣中取图形设计了初中部的校标。又如，《冠山冠，白马梦》是学生自创自唱的，《正气歌》是学生自己改编的，还有很多校园文化也都体现了学生的才华和他们对学校的热爱。

杭州二中白马湖学校
Hangzhou No.2 High School Baimahu

白马湖细节6

校徽释义

白马湖畔，良统相传。历史悠长，学子优良。

滴水之恩，八方来报。幽谷之兰，花味醇香。

天马逍遥，后盾坚强。有恒有志，谦学不狂。

土本肥沃，藤更绵长。长至四方，心永留壤。

校徽的主体图案为一朵兰花。一朵兰花，秉承了二中的蕙质兰心，传承二中的君子之风。兰花绿意盎然，充满生机，添上几点"白马湖之蓝"，表示学校坐落于依山傍水之风水宝地。兰花下面"杭州二中白马湖学校"的英文名，意喻我们将立足国际，培养具有世界情怀的精英人才。兰花印在盾牌的上面，意为杭州二中是白马湖的坚强后盾。两束常青藤环绕着盾牌，寓意学校会像常青藤一样，欣欣向荣。"1899"则是杭州二中的创始年。最下方的图案既象征着一片土地，即白马湖学子要脚踏实地，忠实做人，又像"无穷大"的符号，预示着白马湖是一个充满无限可能的地方。校徽的底色为深蓝色，如湖水般清澈、灵动。

二、班班有特色

习近平总书记指出：努力用中华民族创造的一切精神财富来以文化人、以文育人。文化育才，个性励志。学校"天马行空，崇实敏行"的立校之训，渗透在每个班的文化建设之中，又通过每个班的行为获得了更多面、更立体的解读，彰显出"游于艺、志于道、臻于人"的办学理念。

君子一班、骑士二班、飞鹰三班、飞马四班、天马五班、骐乐六班……班班有特色。班徽、班旗，彰显班级灵魂；墙面、地面、桌面，面面俱优。各班级以氛围感染人，以文化熏陶人。把一个个原本冷清的教室布置得如同家一样温暖，使同学们在努力奋斗的同时少了心灵上的孤苦。无论是开学典礼、班级风采展、运动会等校级活动，还是主题班会等班级活动，各班都展示了自己独特的风采和积极向上的精神风貌，慢慢积淀起各班的专属文化。

同时，学校大胆创新，扩展平台，将每一次晨会的组织权都交还给学生，以班级为主体，承担晨会的展演。主题自定，不拘形式，与纪念节日、政治文化、传统美德、行为养成、学科学习、班级特色构成六个"相结合"。

白马湖细节7

天马行空，班班不同

白马湖学校的教室墙面是一道独特的风景，是"魅力白马湖"的展示途径之一。这里有治学修身的警训，这里有社会热点的思考，这里也有初中生独特的青春张扬。2022年，当"爱达未来"成为亚运口号，白马湖的师生会以什么样的方式，诠释对运动与生命的拥抱，表达"有'客'自远方来"的不亦乐乎？新的学期，我在每个班的教室墙面中，看到了白马湖学子"中国灵魂、

"魅力白马湖"主题墙

初一追风班：鲜衣怒马少年时，不负韶华行且知

初二飞翼班：飞天白马，志在万里；白马隐翼，谦谦君子

初三纵横班：纵横生长，追逐梦想；纵横成长，励志图强

初三天马班：天马耀星空，斗志破苍穹

初三鲲鹏班：志存高远，同心同德，合作竞争，必创辉煌

"白马湖之礼"晨会展

清明时节，忆古思今祭英烈
——初二追风班诚意出品

情景剧演绎立春的浪漫
——初一赤骥班诚意出品

三句半，劝君惜取少年时
——初一泽马班诚意出品

世界情怀"的表达。

每周一次的"白马湖之礼"主题晨会是师生共同期待的。学生们总能用满满的创意，策划呈现一个个精彩的舞台，让一节晨会犹如一道可口、丰富的营养早餐，滋润师生的心灵。每周一清晨，"白马湖之礼"主题晨会都成为白马湖一周清新的开始，给白马湖人带来一份快乐、真诚、热情、蓬勃向上的心态。

节气到来，学生们用情景剧演绎最具中国特色的诗意生活；纪念日里，学生们用小品讨论社会热点，用朗诵致敬精神榜样；相声、歌舞、魔术、器乐演奏，学生用十八般武艺，助行为养成，展班级特色……每一次晨会都是一个班级的"诚意出品"，形式多样，精彩纷呈。

三、处处有书香

论阅读对一个人知识积累、精神成长的好处，相信每个人都能凡举一二。我最欣赏的，是作家三毛说的"读书多了，容颜自然改变。许多时候，自己可能以为许多看过的书籍都成过眼云烟，不复记忆，其实他们仍是潜在的。在气质里，在谈吐上，在胸襟的无涯，当然也可能显露在生活和文字里"。

白马湖学校首先为师生营造了多种不同的阅读时空。午间饭后，书香满溢教室，学生可以自由地从班级图书角中选书阅读；课堂内外，班级开展"整本书阅读"指导与交流活动，通过多媒体终端分享同一本书，编制班级电子读书期刊；周间闲暇，师生还可以在藏书丰富的图书馆，尽享一段与书相约的纯粹时光。

在白马湖学校，还特别强调师生共读。学校有师生同乐、精彩不同的阅读节，有师生通存、阅读有息的"阅读存折"，也有师生共享、持续更新的"推荐书目"：赋予阅读以多种多样的仪式感，激励师生将平时零散的时间利用起来，多读书，读好书。

白马湖学生在图书馆阅读

白马湖细节8

精彩阅读节

杭州二中白马湖学校初中部语文教研组自白马湖建校以来，每年都会开展阅读节活动。每一次开展都有不一样的精彩，在延续经典的过程中创新形式，选取学生感兴趣的内容开展活动。

说起我们的阅读节，自然要说一说其中的经典环节——课本剧展演。每年的秋冬交接之时，白马湖畔的黄叶落了一地。学校天马剧场的舞台，成了一个金色的剧场，学生们将书中的黄金屋搬到了舞台上。在这个舞台上，学生们演绎过《世说新语》中的魏晋轶事，演绎过少年鲁迅与他的长妈妈之间的故事，但演绎最多的还是《西游记》里的取经师徒的故事。看了他们的表演，我曾对他们说，我们的学习与西天取经无异，就是要历经九九八十一难，克服困难和挫折；我们的学习也要像取经师徒一样，团队合作，既要展示出每个人的个性，也要善于发现他人的优点，取长补短。作为语文老师，我还特别鼓励他们把白龙马也搬上舞台：这说明大家读透了《西游记》，也说明大家真正学会了看见团队中的每一个人，更何况"白龙马"和我们"白马湖"还有着一"马"之缘呢！

2020年的阅读节让我记忆犹新。庚子鼠年开始的疫情改变了老师们授课的方式，传统的大型集会式的展演无法进行。老师们就通过创设阅读情境来提升学生的思辨力：《傅雷家书》是角色感知，通过给书中的人物写信，感受人物的心理，充分发挥学生的创造力和想象力；《骆驼祥子》《海底两万里》是谈个人感受，在分享中感受细节的精妙；《西游记》《朝花夕拾》是经典改编，在尊重原著的基础上，通过改写创新经典……最终，阅读成果利用网络展示分享，再一次掀起了阅读与思维的狂潮。

课本剧展演掠影

第三节 建设网络文化

2014年被定义为中国媒体融合元年，人类的文化传播方式从此进入了一个新的时代，所有的教育者都无法回避网络文化对青少年成长的影响。根据华东理工大学教授鲍宗豪在其著作《网络文化概论》中下的定义，网络文化指的是"建立在因特网基础上的具有网络社会特征的所有技术、思想、情感和价值观念构成的集合体，是以语言数字化为前提、以网络信息技术为基础、以信息化传输为依托、以创新和互动为核心、与现实世界文化密切联系的文化"[1]。

当前的中学生，都出生于千禧年之后，是在电脑、手机、平板等信息终端陪伴下长大的"网络原住民"，他们对网络文化的接纳度、依赖度和敏感度都远超我们。如何在网络空间与他们"同频共振"，发挥好网络虚拟环境的积极作用，引导其成长，是当下学校教育面临的重要课题。在教育部《中小学德育工作指南》中，将中小学网络文化建设，列入文化育人的路径之中。其主要内容可以概括为"绿色网络建设"与"绿色上网引导"两个层面。

——**绿色网络建设**。积极建设校园绿色网络，开发网络德育资源，搭建校园网站、论坛、信箱、博客、微信群、QQ群等网上宣传交流平台。

——**绿色上网引导**。通过网络开展主题班（队）会、冬（夏）令营、家校互动等活动，引导学生合理使用网络，避免沉溺网络游戏，远离有害信息，防止网络沉迷和伤害，提升网络素养，打造清朗的校园网络文化。

得益于区位优势，白马湖学校的校园是杭城目前最为先进的智慧校园，具有高度信息化的教育教学平台；白马湖学校的教室也是4.0版本的，教室里不仅安装有一体机，学生、教师上课时也人手一台Pad，学生在上面直接答题，留下答题思路痕迹，便于老师快速掌握每位学生

---

[1] 鲍宗豪：《网络文化概论》，上海人民出版社，2003年版。

的学习情况。除了课堂练习外，只要有网络，学生在家里或者在任何地方，都可以和老师进行远程互动，向老师提交作业，老师也可以即时在线批阅。智能、便捷的同时，也对学校的网络文化建设提出了更高的要求。

一、基于"互联网+"，提升"白马湖"质量

在"互联网+"新形势的推动下，互联网似乎已经成为人们生活的一部分。"互联网+"渗透在人们工作、学习和生活的各个具体应用场景中。全媒体时代的学校网络文化建设，一方面，应有更强的开放性，通过人工和技术手段，主动筛选出符合中学生认知特点和审美趣味的真知识、善文化和正能量，作为课堂主渠道的补充和教学资源的丰富；另一方面，要在加强安全性的基础上，增强"互联网+"在学校教学和生活各场景中的应用，拓展学习与交流的时空。基于这样的认知，我们以"互联网+"思维，主动利用各种网络平台做加法，打造了集智慧官网、智慧课堂、智慧教务于一体的白马湖学校校园网络应用体系，以技术创新为提质强校增智慧、赋效能。

白马湖细节9

互联网+作业："白马湖式"智慧减负

近来，"双减"政策和"作业十条"的出台，让作业改革被放在了聚光灯下，接受审视。为了将学生从枯燥乏味的"题海"中解脱出来，各地各学校无不在进行着各种积极的尝试：信息化技术、多学科融合、分层次设计、多元化批改……一系列手段，或各显神通，或组合出击。作业改革是一项系统化工程，热闹的表象之下，更需要教育者冷静地思考：作业的意义究竟是什么？

白马湖学校的作业改革，是从建校之初就开始的。从最初的校本作业优化内容设计，到当下基于"互联网+"的五连环作业动态链（如右图）实施，白马湖学校的作业也变得越来越多"智"，不仅真正将减负惠及每一个学生，也促进了学教方式转

变，提升了课堂效率与教学质量。

"互联网+"的五连环作业动态链实施，以学校信息数据平台为枢纽，对接各种网络平台和线上教学工具，让"小作业"实时联通了教师的教、学生的学和多主体的评价反馈等教学全环节。

"白"之纯粹：微课导评

微课作业—视频讲解—在线播放—学生点播，这是白马湖学校五连环作业动态链实施中最纯粹而高效的一条链路。如，学校推行中午自习微课作业线上一对一辅导，由学科教师借助"学海云作业"录课工具，提前录制当天作业题的讲解过程，每道题目生成一个微视频，并上传到学校校网微课平台。学生可在学校使用学校配备的学海Pad点击学校信息数据平台，也可在家利用手机、电脑查看疑难作业题的详细解题过程，自行订正和巩固。"互联网+作业"的方式被越来越多的学生和家长所接受，并且以其特有的优势，对学生发展产生越来越重要的影响。

"马"之速度：跟踪网评

传统作业常常是练、改分离的，即学生练习、教师评改、讲评反馈三环节独立，且教师的评改和反馈往往滞后于学生的练习。这种模式下，教师往往只能看到学生作业的结果，不能跟踪学生作业过程；学生得到教师评改反馈时，对作业的思维过程已经遗忘——作业对错背后的成因教师很难进行跟踪分析。而白马湖学校五连环作业动态链实施时，无论是课堂的作业练习，还是课前预习与课后作业，学生都在学校配备的学海Pad上完成。教师可以实时调取学生作业数据，查看学生作业轨迹，个别问题可及时通过数据平台一对一反馈，共性问题则可及时调整教学策略，进行有针对性的指导。这样不仅有利于提高学生学习的积极性，还能把教学实效落到实处。同时，教师还可以以备课组为单位成立小组，借助学校信息数据平台，通过"学海云作业""一起作业"等App建立网上错题集等作业教学研究电子档案，分期、分批进行积累、分析、讨论、研究与归类处理，尤其对于年级组出现的类型化错题进行整理归档，系统化编制，以便在教学中再次落实。

"湖"之包容：多元展评

现代教学论指出，教学过程是师生交往、积极互动、共同发展的过程。没有交往，没有互动，就不存在或不可能发生教学。白马湖学校通过"互联网+作业"，让学生、教师、家长都可以通过网络参与到作业的互动点评中，通过"组+"生生互评、"课+"师生互评和"校+"多元联评等形式，激发学生积极主动、健康向上的学习内驱力，让"小作业"成为不断激励学生前进的"大动力"。

二、基于新媒体，讲好"白马湖"故事

随着新媒体时代的到来，网络技术不断升级，新媒体得到了广泛的应用，渗透到了学生生活与学习的方方面面，使他们对外界环境的认知和对知识体系的思维方式都发生了很大的变化，也对学校的网络文化建设提出了媒体更新迭代的要求。学校要能依托网络及新媒体技术，在传统图文传播的基础上，充分融合青少年喜爱的声音、视频甚至VR技术，把学校的文化表现得更为生动、立体。

基于此，白马湖学校自2016学年开始，在一贯将学校信息推送官方网页的基础上，以学校微信公众号和短视频官方号为双基地，通过趣化传播，讲述白马湖生活；通过"白马湖故事"，展示"最美白马湖人"；同时，通过提供空间，加强学生网络自治，提升学生的媒体素养，点亮"白马湖思想"。在宣传组的统筹管理下，做到每日有推送，内容精致化，宣传序列化。

以中考为例，每年的6月中下旬中考季，整周序列化宣传白马湖毕业学子，完成三个年级"学生—教师—学校"的全方位、多角度报道。（如下图）

白马湖学校毕业季序列化宣传

仅以2021年一年为计：与100万个微信公众号相比，白马湖公众号累计39万阅读量，传播力超过92.87%的运营者。

"白马湖"的发言人与记录人

我的微信中，有几个被星标的公众号，第一个就是"杭州二中白马湖学校"。与其说这是因为我是校长不得不关注，不如说我是因为不想错过精彩的推送而粉上了这个公众号。

在这个白马湖学校的网上家园里，我为"白马湖故事"中的一个个主角感动过，也为"BMH好课""BMH美育""BMH生活"等记录的精彩瞬间而欣喜过，但最让我期待的，还是活跃在这个平台上的发言人与记录人的作品。

发言人，是学生自办的"开言广播站"。在学校的夜晚，我可能和同学们一样，都在期待着听到这一句问候："同学们，大家好！欢迎大家收听开言广播站——开启言论的大门，开启大家的笑颜。"在这里，我听见同学们谈论"我国物流业指数""数字人民币跨境结算"，听见他们思考"如何促进城市和乡村的高质量发展"，更从他们满怀热情地分享的综艺、动漫、电影中想起了我的青春时代。"开言广播站"是学生网络自治的一种尝试，从组织架构到每一期的内容编辑、直播、上网，都是学生自己完成的。指导老师真的只是在学生需要指导的时候指导一下，名副其实。

记录人的出现，则源于一个偶发事件，缘起于学校的浪漫樱花。2021年，学校里新添了一批樱花，是吉野樱，花先于叶开放，花色在刚刚绽放时是淡红色，完全绽放时会逐渐转为白色，满树花繁艳丽，如云似霞。漫步在樱花树下，看零星花瓣随风缓缓飘落。白马湖的春日时光，就这样明媚了起来。无论是清晨，还是午餐时刻，总有孩子们驻足欣赏，不舍离去。这样的好风景，其实是来自2021届毕业生的赠礼。他们说："三年白马时光，就好像春光一样动人。师恩无以回馈，只能回赠一片花海，希望每一届白马湖人在回忆起来的时候，都记得，那些年，我们一起看过的樱花。"此情此景，被学校两位老师用影像记录了下来，制作了一个《白马湖之春》的视频，放在了公众号上。此举本意是为了存照留念，画个句号，却没想到成了一个新故事的起笔。

很快就到了2021年秋天。在校园里，总能看到一个手握相机奔跑的少年，他穿着校服，像一道红蓝相间的影子，在银杏树下、桂花树下、柚子树下飞也似的穿梭着，眨眼间便不见了踪迹。等到了冬天，少年送给学校一份特殊的礼物——《白马湖之秋》，他拍摄、剪辑、记录下的学校最美的秋天。少年叫马沛东，果真如马驹一般精力丰沛，脚步不肯停歇，讲起话来也似马蹄翻飞，节奏飞快且滔滔不绝。他介绍说，他的拍摄灵感源自之前学校公众号上老师拍的《白马湖之春》。影片中，镜头的流转自由而无拘束，一如那些风一般追逐着自由的少年，让人羡慕，也让人敬佩。

《白马湖之春》和《白马湖之秋》，启发了我的灵感——招募白马湖记录人，不管是老师、学生还是家长，白马湖的家人请一同来记录下白马湖的美好时光，也让白马湖的美好时光留住大家。招募令一出，《白马湖之秋》的制作人小马同学第一个响应："作为一名初二学生，整天拿着一台相机加稳定器在学校里'乱窜'是少见的（应该、也许、大概是吧）。尽管很努力地拍摄了，但是因为是孤军奋战，相机拍摄、编辑视频、大部分航拍都要一个人完成，并使成片看起来类似团队拍摄，这就使得整个过程非常耗费时间。同时，这是我第一次制作宣传片，我希望在制作中学习、成长。我之后也会继续制作《白马湖之冬（春、夏）》，以及专门记录运动会的《白马湖之韵》。从而让更多人了解这个学校，这也将成为我这三年中最难忘的回忆。同时，公众号中因为视频压缩过，所以画质并不是很好，大家可以去'哔哩哔哩'上看4K版的《白马湖之秋》，搜索'这就是一个初二学生给学校做的宣传片'即可。"

感兴趣的你，可以拿起手机，扫一扫下方的二维码，观看《白马湖之春》《白马湖之秋》和后来的《白马湖之冬》，以及大片背后的故事。瞧，这就是全媒体教育的便利与魅力！

扫码遇见白马湖之春　　扫码遇见白马湖之秋　　扫码遇见白马湖之冬

•本章小结•

　　我们的学生，已经到了一个需要建立自我认同、满足"生长需求"的年纪，除了堆积案头的试卷外，他们更应该拥有至少一个有趣且有意义的事物，去追求、去热爱，从而达到对自我的认同。

　　我一直都坚定不移地相信，每一位学生都是独一无二的——学校文化的建设，就是要不遗余力地营造这样一个绿色教育生态，实现教育可持续发展，让每一位学生都能成为独一无二的自己。独一无二的他们，也将成为学校"优·美"生态中最灵动的一笔。

第二章
教育教学增厚度
——将创"优·智"课程做到极致

理想的义务教育是人的全面性和差异性、社会化和个性化需求均得到适当的发展。真正的教育公平是为每一个学生提供适当的教育，让每一个学生找到自己的生命价值。白马湖学校一直努力打造生态课堂，让学生享受私人订制的学习生活；创设社团课堂，享受个性发展的校园生活；开展国际理解教育，培养具有中国灵魂、世界情怀的人才，让学生"在白马湖学校，遇见最好的自己"。

第一节 课程领导：顶层构架"一体两翼"形成性课程体系

20世纪90年代以来，人类的教育活动（尤其是学校教育）进入以保障和提高教育质量及保障教育公平为突出主题的变革中。在我国，教育部在2001年颁布的《基础教育课程改革纲要（试行）》中，确定了鲜明的基础教育新一轮课程改革目标："改变课程管理过于集中的状况，实行国家、地方、学校三级课程管理，增强课程对地方、学校及学生的适应性。"[①]这昭示着我国长期以来国家统一的指令性课程管理制度被打破，由原来过于集中的国家课程管理走向国家、地方、学校三级课程管理模式，地方和学校将拥有一定程度的课程自主权，共同参与课程决策并承担相应的责任。在此背景下，学校从执行国家下达的课程指令的"被动"实施机构，转变为在国家统一培养目标下突出自己的特色培养目标、构建自己的课程体系的主动发展、特色发展主体。由此，"课程领导""校长课程领导力"等概念进入研究视野。

古今中外的课程改革无不证实，课程结构、课程内容、课程实施方式乃至课程评价都成为影响学生成长的直接而重要的因素。课程是学校教育或者说育人模式的核心工程，决定了课程领导在学校管理中的重要地位。

北京师范大学教授鲍东明认为，课程领导是"以'让每个学生获得有效发展'为核心的现代课程观，是一种战略性的创新课程实践，是一种不断增强学校旺盛生命活力、凸显育人特色的先进学校文化"[②]。树立现代课程观是其核心要素；通过国家课程创造性实施、校本课程开发与建设、教师课程创生，创造适合每个学生的教育，使每个学生获得最有效的发展是课程领导的基本要素。

——树立现代课程观，使学生成为课程改革的受益者。现代课程观

---

① 教育部：《基础教育课程改革纲要（试行）》，2001年第17号。
② 鲍东明：《校长课程领导意蕴与诉求》，载《中国教育学刊》，2010年第4期。

的核心价值观是实现每个学生的有效发展，所谓有效发展应该是在普遍性发展的前提下，适应其身心发展特点和潜能的适得其所的发展，尤其要尊重学生的个性发展和差异发展。在教育活动过程中，个体在已有发展水平、可能的发展潜能、优势的发展领域、追求的发展方向等方面都存在着不同程度的差异。无论是从教育公平的角度，还是从教育质量的角度，今天的教育都要把最大限度地实现每个学生个体潜能的发展作为着眼点和着手点，注重学生发展的差异性，为学生的发展与成长提供资源（包括时间与空间）。

——**构建立体化大课程体系，使学生体验到课堂的鲜活和生命价值**。遵循着"贯彻执行国家课程，适度调整地方课程，开发创新校本课程"的原则以及相关的课程理论，结合学校自身实际，依据"综合性、均衡性、选择性"原则，构建起国家、地方与校本课程相结合，必修与选修、学科与活动、显性与隐性课程相结合，校内、校外与网络化相结合的立体化大课程体系，让学生在学校里感受到多样化、结构化、有弹性的课程，感受到学校为他们的自主发展提供的各种各样的舞台，体验到课堂的鲜活和生命价值。

——**实施形成性课程，使课堂真正成为师生生命共同成长的场所**。课程实施既是一个忠实执行文件课程的过程，也是一个课程调适和创生的过程。虽然，教学活动具有一定的"预设性"，但在具体的、情境化的课堂中，更具有显著的形成性，即在课程实施层面要不断强化对过程的关注、对差异的关注、对关系的关注、对创造的关注和对歧态的关注，以此促进师生间的互动调适和共同建构。

深化义务教育阶段课程改革、构建更加科学的课程体系，是当前我国、我省义务教育阶段学校面临的重大挑战。作为一所新建的民办初中，立足于课改前沿，实践课程领导，是白马湖学校的必然定位。经过理性认知学校所面临的机遇和挑战，科学分析首届学生学情，首先明晰了学校发展思路和目标定位，顶层构架了"一体两翼"的形成性课程体系。

一、学校发展思路和目标定位

学校课程是把教育思想或者说教育哲学转化为教育现实的载体和纽带。如何及时将"头脑风暴"转化为教育教学的能量是课程领导中亟待解决的问题。

白马湖学校首先进行了"四形成"的尝试：1.以学科组为单位，编制各学科校本作业，形成国家课程校本化；2.依托"互联网+"资源，形成"智慧课堂"新模式，给予学生大数据精准化的学习支持；3.适应区域大课程体系建设的要求，形成1~2门具有特色的区域大课程；4.提升社团活动的品质、建设校本课程，形成重学生实践、体验、自主、创新的课程氛围，落实"形成性"课程体系的开发与实施。同时，注重对学生进行系统的思维训练，尤其聚焦逻辑思维能力、形象思维能力和创新思维能力的培养，优化学生学习方式。

基于此，学校验证并完善了学校的发展总思路和育人总目标。

——以"具有中国灵魂、世界情怀的精英人才"为培养目标，以革故鼎新的创造力、一往无前的进取心臻于至善促发展。

——以学校特色文化建设为抓手，以课程改革与建设为动力，促进师生"志趣、兴趣、情趣"的品性培养，彰显"游于艺、志于道、臻于人"的办学理念，以期达到"资优教育品牌化，世界教育中国化"的办学追求。

——遵循"质量立校、科研兴教、全面育人、创建特色"的指导思想和可持续发展理念，广聚教育资源，深化教育改革，彰显办学效益。

——以创建现代名校为目标，以形成特色为突破，以全面发展做示范，扎实开展课程改革。

白马湖细节11

课程领导中的校长角色

随着新一轮课程改革的深入，"课程领导"的理念也越来越多地被我国的基础教育研究者和实践者所认同。在这一理念下，校长的角色转换也就成了必然之势。有关校长角色转变的研究指出，校长角色经历了由"首席教师"向"一般管理者"的转变，再向"专业与科学化的管理者"及"行政人员及教学领导者"转变，最后演变为"课程领导者"。

海内外的诸多学者认为，课程领导者本身是一个多样化的角色，在课程领导的不同阶段，有不同的变化，应该承担起不同的责任。在白马湖学校这样一所新开办的民办初中，校长的角色究竟应该是怎样的？

对于这个问题，学者可以给出很多系统化的回答。如，美国学者富格（Fung）按阶段性，将课程领导的角色分解为：创立阶段的创新者和组织者，实施阶段的推动者和建议者或顾问，持续阶段的促进者、协调者和中间人，成效阶段的监察者。钟启泉教授则认为，校长作为课程领导者，应该在摆脱了历来的"管理"思想之后，从"经营"或"领导"的功能出发，更强调诉诸自身的创意与创造力，是集课程愿景的策划者、课程实施的组织者和协调者、课程团队的组织者和监督者、课程发展的协调者和激励者等角色于一身的。

学者的分析，自然是一所成熟学校的成熟校长所应该扮演好的角色系统。然而，从零开始时，校长首先应该扮演好哪一个角色呢？面向学校背靠的冠山，起伏的山势给了我一种全新的思路：既然校长角色的转变是在新一轮课程改革大趋势下的必然之势，那就从扮演好"势"的角色开始。

首先，成为"势"的洞见者。校长需要洞见的势，是时"势"，教育必须紧跟时代；是区"势"，教育要服务于区域；更是人"势"，要基于人的发展。为了明晰我们的第一届每一个学生的学习趋势，我们在2015年6月20日和7月5日组织了两次分班考试。考试本身不足为奇，是每所中学都有的操作，然而，接下来紧锣密鼓的试卷分析，就是白马湖学校的独有特色。7月5日考完，8日至10日教师培训，12日家长拿到了孩子各科的试卷分析——具体到每门学科每个孩子的薄弱点、增长点和优势点。如此，任课教师对每个孩子的发展趋势都了然于心，有"势"自然无恐。

其次，成为"势"的聚合者。任何一个团队组织都需要凝心聚力，一所新学校，更是要聚拢方方面面的能量。为了让第一批学生在第一时间就感受到成为白马湖人的身份认同感和喜悦感，我们精心策划了2015年6月6日的师生见面会。这个时候，我们的很多老师都还在原单位上班，但大家都希望将第一次的师生见面会尽量完美地呈现出来。于是，大家就利用下班时间合力商议。其中，老师们设计了一个传承二中精神——传递火炬的环节，很有新意，我充分肯定。但实施中却遇到了问题：室内不允许使用明火，但市面上仿真的火炬又达不到老师们的期许，怎么办？最后时刻，我和老师们勇敢地选择了明火。这是我们的第

5支火炬，比起爱因斯坦的3只小板凳，我们足足多了2支！在我们传递着明火火炬时，我和老师们全程高度戒备，一刻不敢松懈。看到孩子们眼中的火光被点燃的时候，我知道，白马湖人聚合的信念之火，"势"必燎原。

最后，成为"势"的趋导者。我认为，因势利导是最高的领导艺术。2015年的那个夏天，点燃了师生的信念之火、洞见了学生的发展趋势之后，如何让这把火烧得更旺？7月12日，我们举行了家长见面会。见面会前，虽然11号灿宏超强台风来袭，可是我和老师们都顶风冒雨赶到学校集体办公。班主任会议、学科备课组会议、班级会议源源不断，目的就是为了更好地让家长也汇入这股信念之势，共同顺势而为。

这就是白马湖之势——游于艺，志于道，臻于人！

二、"一体两翼"的三维课程结构

在国家指令性课程范式时代，学校仅是国家规定性课程的忠实执行者，基本没有自由运转的空间。随着课程政策的变化，国家、地方和学校三级课程管理模式，赋予了学校一定的课程自主权。因此，学校层面的课程自我建设和改革，就成为学校特色发展的重要内容。

白马湖学校基于国家、地方与校本课程的结合，通过国家课程校本化实施、校本课程开发与建设和教师课程创生，构架起"一体两翼"的形成性教育三维课程结构。（如下页图）

"一体"，指的是学业基础课程（基础课程），探究国家课程的校本化实施，追求适切性。国家课程的基本特征是统一性、普适性，它基本不观照不同地区、不同学校的差异性、个别性，却又是传统意义上的"教学质量"的基础。因此，在统一的国家课程方案总原则和基本框架下，客观上需要不同地区、不同学校对国家课程进行创造性改造，以使其适应本地区、本学校的实际，实现学校教育教学高质量的发展。换言之，国家课程的校本化实施是一种必然，适切性是校本化实施国家课程的基本价值追求。

"两翼"，指的是辅佐"一体"的学社拓展课程和社会生活课程，它们是对"一体"的拓展和完善。其中，社会生活课程（公民课程）是高度整合的校本课程，包括地方课程、基于地域文化的校本课程和国家课程与生活体验紧密结合的实践性课程，旨在指导学生掌握必备生活技能并激发其公民意识。学社拓展课程（学社课程）是教师基于专业自主性和学生的发展需求，在国家课程基础上创生的课程，旨在发掘学生个性特色并培养其研创能力。"两翼"课程，既有指向知识本位的，也有指向情感领域的；既有注重学术指导的，也有强调职业体验的；既有服务于现代生活的，也有面向未来创新发展的；既有立足于优秀传统文化的，也有指向全球一体化的——充分体现了科学性与人文性、学术性与职业性、基础性与发展性、国际性与民族性的统一。

"一体"是本，"两翼"是流。"一体"让学生得以"站立"，向下扎根，崇实敏行，学业基础更扎实、更稳固；"两翼"则让学生能够"飞翔"，天马行空，自由发展，拓展的广度和力度决定了飞翔的高度与长度。

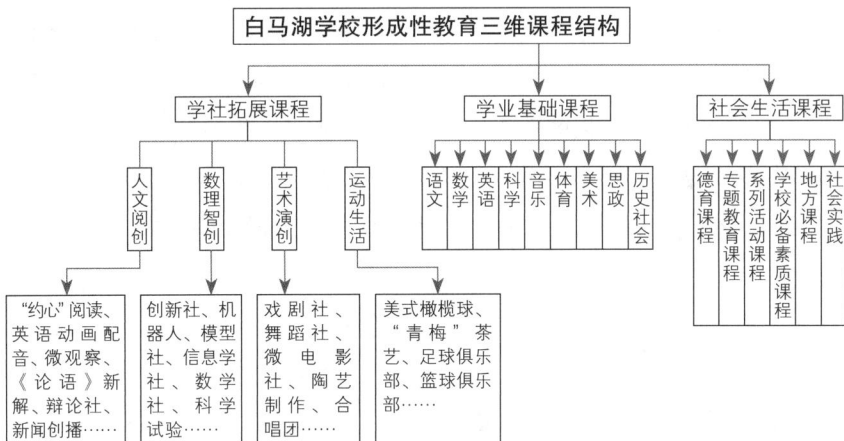

"一体两翼"的三维课程结构图

白马湖细节12

课程领导中的教师角色

《中华人民共和国教师法》第七条规定，教师有"进行教育教学活动，开展教育教学改革和实验"的权利。如何解读教师的这项权利呢？我想至少包含了两层意思：一是教师有"教"的权利，二是教师有创造性"教"的权利。

第一层意思很好理解。自古以来，教学就一直是教师的本职。

第二层意思在课程领导的理念下，尤为凸显。新一轮课程改革背景下，课程不再是封闭、静态的，而是开放、动态的；教师也就不再被局限于忠实地执行课程，而成为课程的反思建构者。也就是说，在整个课程运作过程（包括课程决策、课程开发、课程实施、课程评价、课程研究等）中，教师要根据本地、本校的实际情况、自己的知识经验和能力优势、学生的兴趣爱好和发展水平等对课程进行主动的变革、建构和创造。这就是教师的课程创生，是法律赋予教师的权利。

在白马湖学校，我们充分鼓励教师的课程创生，更通过学社拓展课程给教师搭建了充分的课程自主平台。语文、数学、英语、音乐、体育、美术、科学、信息等学科教师，很容易就能找到课程创生点，辩论社、阅读社、数学社、信息学社、机器人社、舞蹈社、合唱团、篮球社、陶艺社……各类学科拓展的社团精彩纷呈。

其中，心理学社是学校学社拓展课程中特别的存在。心理学社是学校心理老师舒敏老师开设的拓展课。还记得2015年10月，舒老师来学校面试的时候，还是一名研三的学生。那天，听完舒老师的课，我和她聊了很久，听她谈初中生的心理，听她讲她的专业，聊她的不成熟的规划和想做的课题……她的这份主动探索的热情打动了我，我和她立了一个约定——2015年的第二学期将舒老师的心理学社正式纳入课表。一开始是忐忑的，但当我看到舒老师从给专用教室命名"舒心吧"，到墙纸、沙发、彩绘，甚至布置花花草草都亲力亲为、尽心尽力时，我就知道，这门课一定很精彩！

教育是一种唤醒，不仅唤醒学生，也唤醒教师。校长固然是学校课程实施质量的第一责任人，但教师才是更具有自觉创造力的学校课程领导合伙人。很欣慰，在白马湖学校有一群像舒老师这样的课程创生"权利"者。他们让我体会到了教师的职业幸福感。

就像马克思所言："能给人以尊严的只有这样的职业——在从事这种职业时，我们不是作为奴隶般的工具，而是在自己的领域内独立地进行创造。"

第二节　"一体"为主：学业基础课程的筑基与增效

　　国家课程校本化是在我国三级课程管理制度建立后，深化基础教育课程改革、推动学校课程建设的必然要求。虽然，随着课程改革的深化，国家课程校本化实施的重要性已逐渐被很多学校所认可，对此做出了诸多有益的探索，但在实践中，也有部分学校因为对国家课程校本化实施的意义、内涵、途径和保障认识不当而走入误区。较为突出的是两种极端：一种是国家课程"口头"校本化，即因受认识不到位、学校资源或条件不充分、教师团队能力不足等因素制约，缺乏国家课程校本化的实质性推进；另一种是国家课程"过度"校本化，即忽略了国家课程的基本要求，片面强调以本校为本，或盲目模仿名校做法，以致国家课程被改得"面目全非"，甚至课程标准的一些基本要求都难以落实。

　　华东师范大学杨小微教授指出，国家课程的校本化开发，指的是学校遵循国家课程的基本理念和目标并从自身实际出发，在国家课程留下的可能空间之内对其进行的"再开发"或"二度开发"。[1]其核心价值观是增强课程对地方、学校及学生的适应性，让每个学生获得更有效的发展，往往通过教学模式构建、学科结构改造和课程重构三种路径实现。在实践中，需要掌握国家课程的"基础性"、校本化的"适切性"和开发实施的"集体创生"原则。

　　——基础性原则。国家课程是国家意志在教育领域的体现，是专门为培养具备一定素质和技能的未来公民而设计的课程，是在充分关注受教育者身心发展规律和遵循教育发展基本规律的基础上，经过系统科学分析论证而形成的，具有一定的权威性、统一性和科学性。因此，国家课程的校本化必须以国家课程为核心和基础，在"开齐、开足、开好国

---

[1] 杨小微：《从实施到开发：国家课程校本化的新走向》，载《课程·教材·教法》2019年第5期。

家规定课程，不得随意增减课时、改变难度、调整进度"[①]的前提下，结合本校实际，创造性实施课程，在落实"双基"（基础知识和基本技能）的基础上，发展学生的"核心素养"。

——适切性原则。国家课程的校本化开发与实施，旨在优化课程结构，更好地落实国家课程，使之更贴合本校的"校情""师情"和"学情"，能最大限度地满足和适应本学校、本阶段学生的个性化、差异化发展需要。因此，学校要对课程目标进行细化和延伸，对课程内容进行适当整合与拓展，通过优化教学环节和教学方式，使国家课程校本化实施更趋完善，因"校"制宜。

——集体创生原则。国家课程强调的是基于标准统一执行，而校本化实施之后，则更注重教师在对国家课程内容的准确理解和把握基础上的课程整合与重构。但正如"一千个读者眼中就会有一千个哈姆雷特"，用同一课程标准与教材，一百个教师会有一百种理解、一百种实施行动——这就需要借助教研组的集体创生，对教师的课程实施进行引领、监督、优化，创生出适合学校文化与特色的课程实践形态和课堂教学实践形态，促进学校教学高质量发展。

白马湖学校基于以上原则，通过整合编制"学业基础课程"，以"筑基+增效"双指向实施国家课程的校本化，创设了以生为本、以学定教的常态教学和因材施教、分层走班的增效课堂，创建"金马班""飞鸿班"等，让每个学生都能适性发展、学会学习。

一、筑基1：狠抓常规，夯实基础

筑基的第一步，就是要严格按照《浙江省义务教育课程设置及课时安排》开齐、开足必修课程。在课程设置上，基于学校课程建设的顶层设计，制定全校总课程表、活动课安排表、教师任课表、班级分课程表等，通过宏观布局、微观调整，在保证国家课程开齐、开全、开足、开好的同时，也给予学生更充分的自主复习和个性化学习时间。

第二步，规范教学管理、教师业务指导和教学行为，完善教学常规细节，狠抓学生学风，对全校师生提出了"重基础、大容量、快节奏、

---

① 《中共中央国务院关于深化教育教学改革全面提高义务教育质量的意见》，http://www.moe.gov.cn/jyb_xxgk/moe_1777/moe_1778/201907/t20190708_389416.html。

高标准"的学业基础课程教学及学习要求。通过对教师备课、课堂教学、学习辅导等具体教学任务的制度性规定，促进教师基于学校学业基础课程常规管理的各项细则组织课堂教学，确保在有效落实国家课程基本要求的同时，更好地满足本校学生需求。

第三步，对国家学科教材进行校本化改造。从学情出发，从目标定位、内容和进度调整、过程实施和评价反馈四方面推进必修课程校本化。通过自编学案进行教材的校本化改造；通过自编分层练习，相对固化学习的分层要求，服务于分层学习课程的生成。以教研组、备课组为单位集体备课，将组内力量发挥到极致，实现"1+1＞2"的特色，确保教师的课程实施和课堂教学达到学校质量标准。同时，组建专家组，为学科教学把脉诊断，为团队年轻教师成长助力。

白马湖细节13

学业基础课程常规管理制度

学校设置了教学课程中心，专门研究、推动和督促我校学业基础课程的高质量实施推进。教学课程中心制定了二十余项常规管理制度，对教学常规管理进行细化。（部分列举如下）

制定《教研组长及备课组长手册》。对备课组、教研组进行考核。教研组、年级组、学校多层次、多角度检查教学常规，对教师的集体备课、教学设计、听评课记录、个人研修笔记等定期检查评比，并及时通报，结果记入年终教师评价。

制定《杭州二中白马湖学校初中部试卷命制细则》。严格控制考试次数、考试难度。努力让考试成为学生评价中的一项尺度，而不是唯一的尺度。强化过程评价，老师更关注学生参与的态度、解决问题的能力和创造性，更关注学生的学习过程和方法、交流与合作，更关注其动手实践以及所获得的经验与教训。

制定《杭州二中白马湖学校初中部作业管理实施办法》。积极落实《教育部办公厅关于加强义务教育学校作业管理的通知》《浙江省教育厅关于切实减轻义务教育阶段中小学生过重课业负担的通知》和《浙江省中小学生减负工作实施方案》精神，严控作业难度、作业时间、作业范围。

制定《杭州二中白马湖学校初中部学习委员手册》。通过每一个班学习委员每周填写的学习委员手册，掌握各个班级动态，了解学生学业负担，特别是作业量的实际情况，及时针对出现的情况做出反馈。

制定《杭州二中白马湖学校初中部学业手册》。以综合素质评定为蓝本，结合学校特色，将6个维度的指标进行细化和量化；同时结合学生期中和期末的学业成绩，私人订制了一本供学生使用三年的学业手册。学业手册不仅记录学生的综合素质评定的各项指标，还记录学生的学业成绩、各科教师为学生私人订制的评语（新生素质测试、期中、期末）、学生的各类奖惩情况。

二、筑基2：巧用结构，还原生活

国家课程所使用的教材结构体系受制于所在学科的知识体系及课程标准设置的学习逻辑体系。这一结构自然有其循序渐进、符合学习规律的一面，但过分拘于这一结构，也不利于学生的思维和学习能力的发展。白马湖学校的学业基础课程从让学生学会学习的核心目标出发，以"类知识"学习结构、大单元（大专题）学习结构和跨学科学习结构重构了学科课程结构，并注重学科内容上与生活的连接、还原，提炼出"三三三"式的学科教学操作策略。

三环架构，促进教学序列的合理性。根据初一学生认知发展和各学科学习发展规律，从目标定位、知识线架构、调整教材三个环节重新架构学科教学序列，追寻序列和学生的适切性和合理性。

三维运作，促进学科教学序列的有效性。用知识技能、过程方法和情感态度的三维价值观来指导序列实施，具体在学科课堂教学中表现为"系统观察""提升梯度""情感渐进"，实现学生欣赏内化和创作表达之统一，提高教学的有效性。

○ "类知识"学习结构。同一学科中同一类型的知识归类学习，让学生从中掌握相应的学习"支架"，形成经验，举一反三，迁移运用。如中小学语文改革中的"群文阅读"。

○ 大单元（大专题）学习结构。突破教材原有章节，运用思维导图，按一定思维模型，对课程结构做调适开展教学，让学生学会关联知识的串联与整合学习。如生物学科"形态结构与功能相适应"专题复习。

○ 跨学科学习结构。对不同学科的知识体系和认识方法产生理解，并加以整合，从而创造出新的理解，强调深度学习和创新应用，让学生学会从多个学科的视角及学科关联的视角理解世界。如生物学科教材中的"生态系统"章节与学校周边一个真实生态系统的连接。

三度评价，促进教学序列的全面性。"评作业""评发展""评表现"，构成了对学生学习过程的三度评价。作业是学习的外显成果，发展和表现是学习的内隐成果，内外结合保障评价的全面性。

白马湖细节14

白马湖课堂进行时（文科版）

让我们走进白马湖学校的一堂常规课。

课题为人教社《历史与社会》实验版七上第二单元第一课"大洲和大洋中"第一目的内容《人类的栖息地》，本课中涉及的知识点是大洲的名称以及分布，并能在地图上识别它们。教学的难点是七大洲的轮廓及其在地图的识别。

上课铃响，老师先和同学们分享了为避战乱，三岁叙利亚男童溺亡海滩的照片，以一则真实的新闻事件，还原了教材中"陆地""海洋"的抽象概念。紧接着，老师让同学们借助地球仪自主学习，概念化理解、区分海洋、陆地、半岛、岛屿、群岛、海峡等，得出结论：陆地是人类的栖息地。当知识有了生活的落脚点，学生学习的热情就被点燃了。

同学们小组合作，探究七大洲的地理位置，课堂进入一个高潮点。同学们不时有新的发现，思维碰撞激烈，充分认识到"同一个地球，同一个家园"，情感得到升华。

《历史与社会》学科同时具有人文性与科学性，不仅指向历史、地理等基础知识的学习，更要培养学生的健全人格和正确的历史观、社会观。以叙利亚难民的社会新闻为主线串起课堂，充分地将地理空间与历史时空整合在了一起，引导学生在地球与人类的发展时空中结构化知识经验，同时培养了学生的人道主义精神。

教学不应只传授知识给学生，还应注重与学生一起分享对世界的理解。本堂课，老师始终在有意识地引导学生去发现问题、提出问题、思考问题、解决问题，并通过师生间的互动，小组间的合作交流，在相互帮助中增长知识，强化团队意识。学生的学习探究是主动的，他们的思维是活跃的，他们的个性也得到了充分的张扬。

正如苏霍姆林斯基所说："每个孩子不光在感知，而且也在描绘、在制作、在创造。"

我们希望，在每一堂课上，孩子们都能尽情地去描绘，去制作，去创造！

白马湖细节15

白马湖课堂进行时（理科版）

"引体向上"探究"功率"

引体向上、俯卧撑、跳绳……在体育馆门口，同学们汗如雨下，尽情运动。但是，当同学们拿出了刻度尺、秒表、弹簧测力计时，我才发现，原来，这不是体育课，而是一节探究"功率"的科学课。

"物理中许多概念的学习，对初中学生来讲是有一定难度的。如果直接按照书本上的定义讲解，很多同学其实是不能真正理解、掌握的。"于是，有着多年教学经验的殷自荣老师设计了这样一种独特的"做概念"的教学方式。

这堂课，殷老师选择了体育课上的几项常见运动——引体向上、俯卧撑、跳绳等，带着学生们到体育馆和操场，直接开始了操作。学生在运动的同时，学习了如何测量这几项运动的功率，使抽象的物理概念可视化，学生还同时掌握了秒表、弹簧测力计等实验工具的使用方法。

通过对这几项运动的测量，同学们对"功"和"功率"的概念有了准确的理解，并能举一反三，自动运用"类知识"学习结构，进行了其他运动项目和其他物体运动的功率测量。更有同学提出了"哪项运动的耗能大，更适合减肥"的灵魂考问，直接站在了"大概念"的视域，开展"运动与功"的专题学习探究了。

同学们在笑言"我们的体育是科学老师教的"的同时，真正经历了"学问从生活中来，又回到生活中去"。所谓"活学活用""学以致用"，不正是如此？

白马湖学校致力于培养"会学习"的未来型人才，让孩子们拥有超前的学科视野、灵活的思维方式和进步的学习观念。为此，学校在积极探索改进课堂教学的同时，也在探索通过与高校的衔接将大学的培养理念前置到中学阶段，跨学段融合做好衔接教育、贯通培养。

从2020年杭州二中白马湖学校授牌成为独家"西安交大少年班优秀生源基地"，到今天，已经有三届学子陆续踏进了西安交大的校门。连续三年，白马湖少年班的录取人数位列杭城榜首，这无疑是学校"未来型人才培养计划"的重大成果之一。

而比录取数字更具有说服力的，是同学们在谈及对西安交大学习生活的展望时，眼里闪烁着的自信光芒："后面会开始自学高中的内容，在自己喜欢的领域继续努力。"

会思考，爱学习，乐生活，这种鲜活的教育正不断推动着白马湖学子全面成长。

三、增效1：均衡编班，分层教学

在国家课程的校本化开发和实施中，一个突出的表现就是教学的组织和实施形态的变化。"班级授课制"是我国基础教育中普遍采用的教学组织形式。然而，传统的班级授课制却常常因为班额过大、教学内容过于平均、学生交往空间过于局限等弊端而饱受诟病。事实上，教育界很早就已经开始了针对"班级授课制"弊端的教学组织形式变革，曾经的"快慢班"就是一种。但是，单纯以保障学校升学率为考量而进行的快慢班分班，显然有违教育公平，也并不能真正促进学生全面而有个性地发展。因此，我们需要一种更高质量、更公平的解决方案。

《国家中长期教育改革和发展规划纲要（2010—2020年）》中明确指出，学校要"注重因材施教，关注学生的不同特点和个性差异，发展每一位学生的优势潜能，推进分层教学、走班制等教学管理制度改革"[1]。白马湖学校从校情出发，探索出了均衡编班与分层教学相结合的实践方式，以导师制为基础，以文理分块、分层走班为基本模式，为不同基础、不同发展要求的学生，提供更精准、高效的教学服务，落实"学为中心"课程实施理念。

---

[1] 《国家中长期教育改革和发展规划纲要（2010—2020年）》，http://www.moe.gov.cn/jyb_xwfb/ s6052/moe_838/ 201008/t20100802_93704.html。

　　均衡编班是教育公平的基础。实践中，学校严格贯彻上级教育管理部门的相关规定，在电脑派位完成新生录取后，统一组织分班考试，以考试成绩为依据，开展现场的均衡编班工作。其流程包括：介绍初一年级班主任—电脑系统软件随机配位分班—班主任现场抽签—班主任确认签字—公示分班结果。均衡编班工作一次性完成，全程摄影、摄像，阳光透明。编制完成的各行政班级做到成绩均衡、男女生比例和班级总人数均衡、班主任及各科老师搭配均衡。在教学组织和实施中，按照国家课程标准开设各项学业基础课程，以基于行政班的班级授课为主，保障集体学习的平等性。

　　分层教学是教育公平的实质体现。分层教学在满足学生的共性需求上，特别注重两个关注点：一是根据不同学生的不同学习需求，相应地配置差异化的教育资源；二是关注到教育弱势群体，给予一定的、适当的教育资源倾斜。对于前者，白马湖学校通过建立学生个人情况档案，绘制学科分析图，掌握学情，分层施教；针对后者，学校着力通过完善的学科整体质量分析，删选临界生并建立临界生自我分析表，学科老师及班主任团队认领临界生，对临界生进行个性化指导。

　　在白马湖学校的实践中，分层教学主要通过三种形式开展：一是在均衡编班的基础上，对同一班级的学生进行分层教学；二是每周固定开设打破行政班限制的走班课程，对一个年级的学生开展分层教学，每周安排4个课时进行文理的分层走班；三是每学期以学科节的形式，打通年级，以项目学习的方式，开展面向全校学生的分层教学，如阅读节、数学周、科学周等。分层教学真实落地，一年级一方案，如初一以两个配套班级为单位的理科、文科小分层，初二上学期以两个配套班级为单位的各学科小分层，初二下学期的以全年级为单位的理科、文科大分层，初三以全年级为单位的全科大分层。同时，对初三年级采用"独立团"管理模式，订制初三中考方案手册，对全体初三学生进行选学科质量跟踪分析，如体锻训练重新设计和安排，为部分参加游泳考试的学生联系了周边的游泳场馆，由学校聘请教练定期组织训练。

　　除此之外，在白马湖学校，还有两个特殊的班级。一个是"金马班"，面向全校学生针对语文、数学、英语、科学课程进行双向选择，由一批对知识充满渴求、有着旺盛求知欲的同学组成，每周晚自修安排一定的时间开课，通过白马湖名优教师培优课程和二中金牌教练的初高衔接课程，让这些学有余力的同学能够接触更广阔的知识天空。另一个是"飞鸿班"，这是为那些学习基础薄弱、学习能力欠缺的同学提供的平台，让他们能够更快地跟上学习节奏。

白马湖细节16

"金马"印象

金马，是白马湖的一个传奇。在白马湖学子中间，流传着这样一个传说：但凡入得金马班，必能习得一技能——能够遥遥领先地完成所有作业，且不提作业完成质量颇高，最厉害的是金马学子游刃有余、毫不费力的姿态，让同学们高呼"学霸"，唯有叹服。

金马班并非一个班——你在校园里走一圈，在教室班牌上你找不到这个班。然而，金马班又是一个班——一个让白马湖学子人人向往的班。金马班是学校分层教学的产物，体现了学校分层教学的精髓。

金马班是为满足白马湖学子"更优秀"的需求而设置的，被学生们形象地描绘为"金字塔顶尖的班级"。能进入金马班的学生，首先是优秀的，不仅学习成绩优秀、学习能力优秀，在学习习惯、学习兴趣、学习目标等方面也是优秀的，更重要的是，他们还持续追求优秀——这体现了学校分层教学标准的多元性。进入金马班，谁说了算？老师有建议和推荐的权利；而学生本人也可以毛遂自荐，并掌握着最终的选择权和决定权——这体现了学校分层教学中学生的主体性。

当学生经过了在白马湖半年的学习后，选择进入金马班，就是选择了为自己的学习做主，为自己的时间做主，为自己的选择做主。而这才是金马班想要给孩子们的受益终身的能力。金马班学员的现身说法，或许更能说明问题。

"怀着忐忑的心情，金马班开课了。刚开始看到杭二中的老师，我们还有一些拘束，以为老师讲的肯定是很难的'天书'。可一节课后，我们对金马班的认知彻底更新了——生动有趣的课堂，有时候会和我们侃大山的老师，还有最重要的一点——大量干货，让我们对当前学习的知识有了更深入的理解。

"上完第一节课后，我们都兴奋极了，交流着自己的心得。可一回

杭二中老师在金马班

到教室，课桌上的作业堆让第一天进金马班的我们的笑容逐渐凝固，打了大家一个措手不及。刚开始的一周，我们确实被金马班打乱了节奏：有时能写完作业，有时写不完。逐渐适应后，我们几个金马学子突然能写完作业了，快的话甚至还能做一些课外拓展。起初，我还觉得奇怪：怎么突然间动作就变快了呢？渐渐地，我发现：我会不自觉地'挤时间'了。下课时、大课间后，我不会像以往那样瞎跑瞎闹了，会抓紧时间完成作业了。偶尔和同学玩耍的闲暇时间，也变得更快乐了！

"自从进入了金马班，我的休息时间是减少了，每天的安排也紧张了，但这使我充分利用碎片时间，高效安排所有时间，我想这就是我进入金马班后最大的收获吧！"（初一飞翼班 吴柏熙）

数学组模块化教学研讨

白马湖细节17

数学有"模"法

一堂课，如何让每一个学生都能在各自的"最近发展区"内获得"上无界、下保底"的学习体验？2020年12月1日，初三数学备课组李邱斌老师和杨灿权老师的一堂数学课，给出了"白马湖式"的答案。

两位老师都围绕《直线与圆的位置关系》一课开展教学。与以往的教学相比，两位老师展示的课更注重数学的本质，没有多余的粉饰，有的是真正的数学思考。李老师围绕"直线与圆的位置关系"的发生过程，探究其性质特征。课堂氛围浓烈，整节课"灵动"出彩。杨老师以"活"为起点，倡导训练学生的动手能力，让学生亲身经历"直线与圆的位置关系"的量化研究过程。整节课"思辨"出彩。同课异构，都直指数学的本质，注重数学思维的养成，关注到了不同层次学生的可接受性和发展性。

这两堂课的最大亮点是模块化的分层学案。通过分层学案，充分考虑每位学生的知识基础、能力水平、智力发展等个体差异，组织匹配的学习内容、设计相应的教学环节、采用不同的评价体系，使每一个学生都得到相应的学习关照，促进全体学生适性发展。针对不同层次学生设计的每一个学习模块也都发挥了它应有的功能：有些学生正在接入层模块，准备起飞；而另一些学生则已进阶到较高层模块，在更广袤的思维空间中翱翔。有学生说，这样学习，就像闯关游戏，很有挑战性。

有关专家认为，"格式化"教学转变为"个性化"教学，已经成为大趋势。白马湖探索的模块化教学，正顺应了这一发展趋势。有了这样的模块式教学，老师对学生的学习目标达成度了然于胸，从而大幅提高了课堂教学效率，最大限度地激发了学生的学习兴趣，让全体学生的基础更扎实，让优秀的学生飞得更快、更高、更远。

四、增效2：智慧课堂，精准赋能

精准教学作为行为学理论提出的一种教学手段，主要是在精准把握课程标准和学生发展基础上，精准地设计教学目标，精选教学内容和形式，精准测绘学生的表现并精准应用，确保整个教学过程中的可调控。精准教学是实现分层教学的有效手段，具有极强的交互性。

在传统的教学环境中（尤其是传统教室里），精准教学的开展主要依赖于教师与学生的教学交互中的个人经验，因而难以普及应用。但是，随着技术的发展升级，白马湖学校的教室环境已经进入了高度智能化和强交互性的"智慧课堂"时代，为学业基础课程的精准化分层教学创造了必然条件。学校以作业为抓手，深入探讨在课程改革的大背景之下，通过"智慧课堂+作业管理"引导学生改变学习方式，研究选择性教育的课程生成。

相较于传统教室中的教学交互，白马湖学校智慧课堂包含了更多及时性的、可视化的在线教学交互形式。如通过师生人手一台的学海Pad，课堂上就能通过图文、语音即时互动，讲练结合，课堂练习现场递交批改——形成了既有传统教室中的教学交互形式又兼具虚拟教学交互形式的复合型教学交互模式，并在后台即时记录学生在课堂交互中的各项行为数据。这样，教师就能实时了解学生的完成进度及作答情况，以实现精准讲解，同时也便于生生间的交流互动。

行为数据的记录，教师还可课后复批，能够开展课后的差异化辅导，及时介入干预。这种学情追踪性是传统课堂无法做到的，同时这种精准干预还能对学生起到一定程度的高效减负作用，也能为课后精准作业布置提供可靠的数据支持。

同时，学校教学与课程中心可以利用平板、云课堂、云作业、网上阅卷分析系统，对学生个体的学习轨迹进行抓取分析，也能随时追踪同一年级或同一班级的某学科或各学科的学生整体学业水平，精准分析后反馈给教研组和备课组，以便学科教师针对学生不同的情况进行个性化教学。

白马湖细节18

智慧作业，私人订制

2021年7月，中共中央办公厅《关于进一步减轻义务教育阶段学生作业负担和校外培训负担的意见》发布，"双减"政策重磅落地。一时间，"双减"之一的切实减轻学生的课业负担成为各地各学校重抓、狠抓的一项工作，各种"创新做法""创新行动"层出不穷。

"双减"正当时，当别的学校都在忙着创新的时候，白马湖学校却在"守成"。对学校而言，"双减"的工作原则是要"坚持学生为本、回应关切，遵循教育规律，着眼学生身心健康成长，保障学生休息权利，整体提升学校教育教学质量，积极回应社会关切与期盼，减轻家长负担"。核心工作有两项：一是减轻学生过重的作业负担，一是在不增加学生负担的情况下提高教育教学质量。

研究作业管理，给学生以更智慧的作业，是很多学校的创新之一，也是我们的守成之一。什么是作业管理？数学教研组组长许淑菁老师认为，作业管理包括作业的编制、作业的布置、作业的反馈落实。

作业的目的不是为了被完成，而是为了让学生了解自己的掌握情况，有目标地学习，补不足、提能力。作业管理需要老师们对学生的学习能力、掌握程度有足够的了解，把控进度、难度、容量，有目标地布置适合的作业内容和完成方式。学校从开办起，就提倡教师"下海"，学生"上岸"。通过老师的精挑细选，提高单位作业"含金量"，编制了各个学科的校本作业。其中，数学组提出的"有效果，有效用，有效率"是检验作业含金量的三大标准。

有效果是作业管理的直接体现，即教学结果达到了教学预期目标。通俗来说，指学生有合适的解题方法，有恰当的数学思维，从而学好了数学。有效率是作业管理是否有效的衡量指标。它不只是"花最少的时间练最多的内容"这样的普遍理解，它蕴含了在单位时间内学生对学习内容的掌握程度、学习状态等的综合衡量。如，数学小报一直是学生们假期中"含金量"很高的项目。当你看到初中生在钻研"克莱因瓶"和"莫比乌斯环"的时候，你一定会由衷感慨：这一定是真爱！

有效用，顾名思义"学以致用"，引导学生学会"举一反三"，对学习保持兴趣、热情，激发他们探求新知识的强烈欲望。也就是说，他们学完课内的数学知识还想继续探究，能够将课堂内学得的知识运用在课堂之外。

有效率，是作业管理的重点，它帮助学生通过作业形成完整的学科逻辑闭环。这就要求步骤严谨——借助现代信息技术。2018年，学校引进"学海"平板和"极课大数据"软件后，更是给校本作业装上了智能化的"最强大脑"。于是，学生从课前预习作业开始，就在完成一份"私人订制"的作业。如，初一年级对作业反馈做了"智能化"的优化，帮学生从题海中解脱出来，让学习过程"发声"，从知识体系反馈到作业修订反馈，各项学习环节通过数字化形成完整闭环，让教师对学情充分做到心里有"数"，实现减负增效。

作业布置的科学分类，使得数学组的作业布置有了"私人订制"的丰富细节。以初二年级为例，组内的每日作业，都是基于课上各学生反馈情况进行分层布置，作业由老师提前编制，并进行ABC分层。

针对错题，教师还可借助"学海云作业"录制微课，以便学生自主解惑，突破时空限制，让"私人订制"的精准作业得到可持续发展。

智慧作业，私人订制，有四个强调——

强调"目标导向"，让作业设计做到"心中有谱"；

强调"学生理解"，让作业布置做到"适切个性"；

强调"诊断改进"，让作业反馈做到"精准高效"；

强调"有据可依"，让作业管理做到"规范有序"。

第三节 "两翼"为流：学社拓展与社会生活课程的集群化与国际化

2014年，教育部《关于全面深化课程改革落实立德树人根本任务的意见》提出："各级各类学校要从实际情况和学生特点出发，把核心素养和学业质量要求落实到各学科教学中。[①]"自此，"核心素养"就成为教育领域最受关注的热词之一。它是新课标的源头，是中小学教育质量综合评价体系的核心，也是未来教育改革和课程改革的关键。

"中国学生发展核心素养"项目领衔专家、北京师范大学林崇德教授在出席北京首届高中学生发展指导高峰论坛表示，项目组共组织了48场访谈，涉及575位专家。在专项研究和广泛听取意见的基础上，提出"学生发展核心素养，是指学生应具备的、能够适应终身发展和社会发展需要的必备品格和关键能力"。"中国学生发展核心素养"课题组历时三年集中攻关，并经教育部基础教育课程教材专家工作委员会审议，最终形成研究成果，确立了中国学生发展核心素养以培养"全面发展的人"为核心，分为文化基础、自主发展、社会参与3个方面，综合表现为人文底蕴、科学精神、学会学习、健康生活、责任担当、实践创新等6大素养，具体细化为国家认同等18个基本要点。各素养之间相互联系、互相补充、相互促进，在不同情境中整体发挥作用。

"核心素养"的提出将会给学校的教育行为带来六大变化：1.育人导向更加注重学生理想信念和核心素养的培养；2.课堂教学更加关注课程建设综合化、主体化发展趋势；3.实践活动更加关注学生学习体验、动手实践及创新意识的培养；4.课业负担将会进一步减轻，课后作业形式及总量将会发生较大变化；5.学校课程更加贴近学生的生活；6.未来将更加注重增加国家课程和地方课程的适应性。

---

① 《教育部关于全面深化课程改革落实立德树人根本任务的意见》，http://www.moe.gov.cn/srcsite/A26/jcj_kcjcgh/201404/t20140408_167226.html。

基于此，以核心素养统领学校的课程建设，应更加注重国家、地方、学校三级课程的整合，尤其要重视校本课程对国家课程的补充和对地方课程的融合作用，发挥好校本课程承载落实学生核心素养和实现德、智、体、美劳全面发展的功能和意义。为培养学生核心素养、开发和实施校本课程，应坚持从整合课程资源、明晰课程功能、强化课程统筹等方面进行优化探索。

——**整合课程资源**。后现代课程论专家舒伯特指出："课程不是单数，而是复数。"意在表明，课程不仅是学校之中的教育活动与内容安排，而且包含与学生生活紧密相关的各种环境。卓越的课程是贴近学生生活、满足学生个性需求的。校本课程首先应该是学科知识与学生生活的结合点，注重生活化、自然化和社会化，使学生能在生活、自然、社会中运用学科知识，真正地经历提出问题、分析问题、解决问题和成果应用，实现从浅表学习到深度学习的迈进。

——**明晰课程功能**。以发展核心素养来统领学校的课程建设，要使学校培养目标与学生的核心素养深度融合，就要统筹规划，实现课程之间的功能互补。据此，可围绕基础学科、拓展性课程与综合实践活动建立三位一体的综合课程体系。通过学校的顶层设计，明确课程与课程之间的互联与互补、课程群之间的逻辑关系以及课程与学生发展核心素养之间的关系，力求开展多类型、多层次的认知与实践相结合的活动，关注学生学习的兴趣、习惯、方法、能力和思维的培养。

——**强化课程统筹**。校本课程应坚持以学校为本，基于改进学校实践、解决学校所面临的问题等现实基础和促进师生全面发展的育人目标整体设计，充分依托学校有限的时空资源，建立制度化的课程设计和实施机制。课程设计实施中，应树立"无处不课程、无事不课程、无时不课程"的大课程观，通过多样化、活动化、灵活化的课程形态，为学生创设个性化、自主化、体验化的学习与展示平台，真正为学生的终生发展奠基。

学校"一体两翼"的生成性课程体系中，以学社拓展课程和社会生活课程为"两翼"的校本课程设计和实施，充分体现了白马湖学校对中学生核心素养的内涵解读和应用，开发目的更明确、思路更清晰，着力培养学生高尚的道德情操、扎实的文化知识和良好的审美情趣。

一、资源整合：以"五力"建构"五育并举"拓展课程群

在国内外关于"核心素养"的多元理解基础上，白马湖学校基于学校的办学理念和育人目标，对中国学生核心素养进行了校本化的解构，确定我校学生核心素养主要包括人格健全、学力优良、身心健康、社群合作与生涯规划等5个方面，并用"人格力""学习力""健康力""合作力"和"规划力"来表述学校的核心素养内涵。以"五力"整合学校的学社拓展课程和社会生活课程中的各项实践活动，通过对每门课（活动）内在价值和逻辑的分析，建构起学校的"五育并举"课程群。

德育–人格力课程群。学校明确提出以"天马行空，崇实敏行"为核心的人格教育，开发基于人格素养的显性课程群（如德育课程、团队一体化活动等）和基于健全人格的行为文化的隐性课程群（如地方文化、红色文化、传统文化、心理健康等专题教育课程），形成了具有本校特色的德育–人格力课程体系。

智育–学习力课程群。该课程群主要针对分层走班模式下的学业基础课程的强化和优化，鼓励学生根据自己的规划，选择喜欢的学习方式、学习内容和活动项目进行自主学习与体验。以社团形式，引导学生选择时事热点、人文生活、科技发明等主题，结合一定的研究方法，团队合作，自主探究，运用创新性思维，提出合理的解决方案或建议，撰写研究报告，指向学会学习。

体育–健康力课程群。把"开展体育活动，增强学生体质，促进学生健康成长"作为目标。学校努力营造体育锻炼氛围，发起全员健身活动，人人至少掌握一项体育技能，在开齐、开足国家课程和地方课程的前提下，开设了"排球""篮球""羽毛球""橄榄球""瑜伽"等体育–健康力拓展课程。

美劳双育–合作力课程群。以社会实践活动和校园节（会）仪式为载体，实现社会资源课程化、课程与活动整合化、校园活动仪式化，以"在实践中体验，在体验中感悟，在感悟中自我发展"作为体验教育的核心思想，培养学生"互学互助、协作共创美好生活"的能力和素养，最终达到"实践教育难忘，实现难忘教育"的意义。如"优雅白马湖"礼仪课程，让学生在学校的大型集会和活动中学会谦让有礼、欣赏他

人，体悟美言、美行、美心性；"军魂白马湖"课程锻炼了学生的意志品格，让学生学会劳动、学会合作。

五育融合-规划力课程群。通过学校学生生涯发展指导中心，组建专业的生涯教育教师团队，制订《学生生涯发展方案》，以"五育融合"构建学生生涯发展育人体系，开展了形式多样的生涯规划指导。目前主要包括人生规划课程、职业规划课程与学业规划课程等，从初二至初三对学生进行全程生涯发展指导。

白马湖学校"五力"建构的"五育并举"课程群，立足"大课程"布局，整合主题相通、内容相近的相关课程，突出内在的逻辑统一，由追求单门拓展课程内容的严密、完整转为课程群内部的衔接、完善，使各课程之间由原来的相互隔离转变为相互贯通、相互重叠转变为相互补充，是探索初中分层拓展教学改革的有效途径。

白马湖细节19

缤纷"社"彩

如果有40多门各式各样的学社拓展课程同时出现在你面前，你会如何选择？

是去白马湖上来一次皮划艇竞速，还是在画室里完成一幅美妙的杰作？是和志同道合的好友们一起欣赏几部经典的电影，还是在老师的带领下完成几个有趣的科学实验呢？

一年一度的社团招新日，成了白马湖学校的年中庆、狂欢节。40多门课程，70多名教师，500多名白马湖学子……这一天，他们在这里走向通往梦想的第一步，他们即将在不同的学社拓展课程中遇见不同的"他们"，展现不同的自己：每个老师都有自己的社团，在他（她）的社团里，你会遇见一个完全不同的他（她）；每个学生都能找到自己的社团。在他（她）选的社团里，他（她）会让你看到完全不同的他（她）——这就是"白马湖大学"的样子。

就像白马湖学校学生会年轻的学生干部们描述的那样："随着招新仪式的开始，选课现场就成了一个热闹的集市。一块块社团展板前一下子就排起了长队，看来同学们早就做好了攻略，心有所属。多种语言、飘香的糕点、精彩的演绎……白马湖学子们在社团老师面前毛遂自荐，

学社拓展课程选课现场

机器人社代表队获得2021世界机器人大赛锦标赛冠军

精武社龙队获得2021年浙江省第八届龙狮锦标赛青少年乙组竞速舞龙一等奖第一名

围棋社荣获杭州市团体一等奖

那自信的笑容，是期待，是勇敢，是优秀。他们在长短不一的队伍中穿梭，在激烈的竞争中遨游——远方，即是梦想……"（学习部：俞安然　王羲之）

你是鸟儿，就去歌唱；你是蝴蝶，就去舞蹈；你是喜欢水的小鹅，就去白马湖里"划水"；你是向往天空的燕子，就驾驶无人机感受上帝视角……在社团里，你会遇到一群志同道合的伙伴，挑战一个个不可能的任务，赏一道天南海北的风景——无社团，不青春！

社团与社团之间还可以合纵连横，创造1+1＞2的精彩。看一看微电影社团的杨子涵同学的经历吧——

"来自App社的智商担当和微电影社的实力担当分别了解并体验了无人机。当我们看到指导老师施老师和王老师用无人机试拍的视频时，十分激动：天空中洒下的阳光勾勒着整个操场的轮廓。原来，从30米的天空往下拍，可以看到这么多不一样的景色。

"到了社员们自己体验的环节。许多社员都按捺不住自己的激动，拥上前去看手机里面呈现的画面。这个App连接了无人机上的Wi-Fi信号，将摄像头拍到的画面传到手机里，通过手机控制拍照或者录像。许多其他社团的同学也被这个新奇的小东西吸引了过来。那天下午，我们捕捉到了蔚蓝的天空、开阔的操场、朝气蓬勃的橄榄球社、认真研究的微电影社和App社。"

基于课程的开发与学习，很多同学还参与到校外比赛中并取得了优异的成绩：我们的信奥队与二中集训队无缝对接，获奖人数再创杭州初中之最，高分段位列浙江省第一，全国前五；我们在创客空间创新、造物，摘得中国小发明家盛会卓越发明奖；我们的航空航天模型从杭州飞向全国，拿下全国一等奖；我们的机器人集趣味性、科学性、探索性于一体，喜获亚洲机器人锦标赛二等奖……

天地悠悠，缤纷"社"彩，任万马奔腾。

白马湖细节20

读城记

立冬以后,小雪以前,正是杭州秋末气候最宜人的时光。周末,杭城阳光灿烂。在西湖边,多了这样一群白马湖少年——他们与杭州第十四中学的学长学姐们一起走街串巷,实现梦幻联动。

这是白马湖学生核心素养"五力"融合的一次尝试。我们常常说,学校不仅要培养学生学会学习的能力,更要培养学生学会生活的能力。会生活,其实是一门很高深的学问。比如,你生活在这座城市、这个社会,但细细想来,你深入走进这座城市的机会并不多。它的现代化发展和深厚的文化底蕴,以及市井百态、社会风情都等待你去进一步探索。在这个过程中,你需要学会合作,学会入乡随俗。

于是,就有了本次"探寻杭城,双减之行"的社会生活实践课程。本次课程由白马湖学校和杭州第十四中学联合出品,活动共分为两个主题,分别是"皇后公园奇妙日"和"湖滨步行街奇妙日"。前者是传统文化与现代元素的碰撞;后者则通过打卡地标建筑,让学生感受杭城烟火气。

两条路线的最终目的地都在凤起路上的杭州第十四中学。到达终点后,白马湖学子进入十四中的各个教室,进一步感受了"百年名校,凤起龙腾"。

这一设计,也有着特别的意义——学习生涯规划。借着本次活动,初三的同学们和高中的学长学姐们逛吃逛吃,其实也是提前感受高中的学习氛围和学校周边环境,为更好地适应未来的高中生活打下了基础。

二、功能创新:以"三实"综合主题课程实施国际理解教育

"中国学生发展核心素养"中的"国际理解"意为:具有全球意识和开放的心态,了解人类文明进程和世界发展动态;能尊重世界多元文化的多样性和差异性,积极参与跨文化交流;关注人类面临的全球性挑战,理解人类命运共同体的内涵与价值等。在中学阶段实施国际理解教育,更强调的是让学生在"公民教育"的基础上培养"全球共生力",通过感受多元文化、探究人类发展共性问题、掌握跨文化交流必备知识与

能力等，培育具有"中国灵魂与世界情怀"的全面发展的人。

根据联合国教科文组织的倡导与建议，白马湖学校开展了包括五大学习领域、六大中心概念的国际理解教育（如下图）。

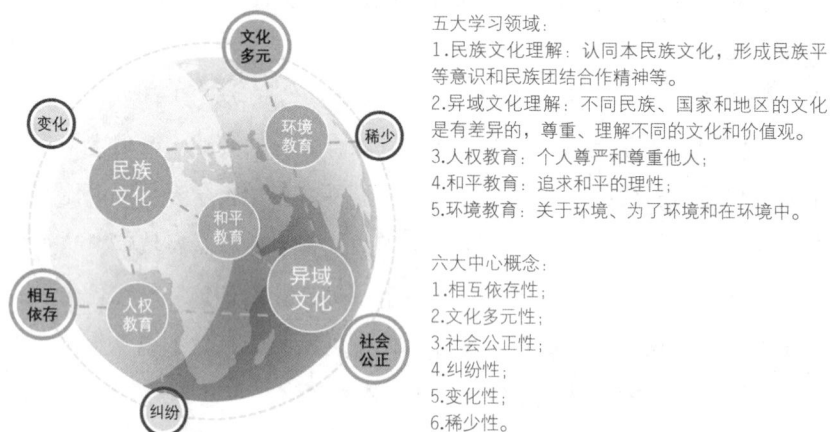

五大学习领域：
1.民族文化理解：认同本民族文化，形成民族平等意识和民族团结合作精神等。
2.异域文化理解：不同民族、国家和地区的文化是有差异的，尊重、理解不同的文化和价值观。
3.人权教育：个人尊严和尊重他人；
4.和平教育：追求和平的理性；
5.环境教育：关于环境、为了环境和在环境中。

六大中心概念：
1.相互依存性；
2.文化多元性；
3.社会公正性；
4.纠纷性；
5.变化性；
6.稀少性。

国际理解教育"五大学习领域""六大中心概念"示意图

在此基础上，白马湖学校结合校情、学情，重点研究和探讨了依托学生社团落地实施国际理解教育的"三实"综合主题课程。

实验室合作课程。以STEM课程（科学、技术、工程、数学）为突破口，与清华大学创客教育实验室合作，建设初中"STEM项目课程工作室"，开设了以"生态·科技·全球化"为关键能力的"5A向未来"未来人才培养项目课程（见下页图）。包含Action of PBL项目学习实践课程、App手机应用开发课程、Action of human-computer多媒体设计课程、AI智能控制课程和A&C开发者联盟（信奥课程）。

实景课程。以本校教师为主，适时开设"文史法哲"综合实景课程，组建学生"仲裁小组"，开设"文史法哲"大讲堂，开设模拟国际法庭、模拟联合国等项目课程。

实训课程。与杭二中合作，开设"音体美劳"综合实用课程。为合唱团、舞蹈社、器乐团、各类体育社团进行比赛实训和对外交流创造条件，如与杭州爱乐乐团联合发起成立杭州学生交响乐联盟乐团，参加国际音乐节、中学生合唱节，体验美国高校NFL橄榄球青训营等，在比赛和交流实训中提高多元文化理解。

以算法为核心，代码为重要工具，学生在课程中经历C++语言基础、基础算法、高阶算法三个阶段的学习，深入学习各种高精尖的计算机算法，探寻思维的深度。同时选送优秀学生组队参加全国青少年信息学奥林匹克分区联赛（NOIP）等专业赛事。

以"身边的智能""梦想杂货铺"等项目为载体，用丰富的实践工具与造物体验为学生赋能，提升创新思维与造物技能。学生创造的作品，都承载了他们对家园的热爱、对社会的关怀和对未来的期许。

包含Photoshop和Flash等软件的学习应用，进一步培养从画笔到建模、从平面到立体的应用能力和从设计思维到工程思维的思维发展，同时学习3D建模打印、激光切割加工等课程加成技能，在科技教育的基础上，拓展审美力和创造力。

以"小白的故事"为教学主线，学习App开发技术，为了实现应用型课程向思维型课程的转变，要求学生在学习后，自主发现校园生活可以通过算法优化的实践，设计制作简单的App，以科技便捷生活。

以"英雄之旅"为项目，以"你希望未来的城市是怎样的？"为实践，通过对现代都市、沙漠之都、水上之城等不同城市的描绘，鼓励学生大胆想象，进行小组通力合作，主动发现问题，寻求解决方法，收集所需资源，动手解决问题。

5A 高阶平台：A&C开发者联盟（信奥课程）

4A 组合出拳：AI智能控制课程

技能加成：Action of human-computer多媒体设计课程 3A

撒网捕鱼：App手机应用开发课程 2A

兴趣铺设：Action of PBL项目学习实践课程 1A

五A 向未来

"五A向未来"未来人才培养项目课程图

白马湖细节21

白马湖畔的"美式橄榄球"

我们这一代人所理解的美国是什么样的？是种族主义、霸权主义，还是华尔街、好莱坞、迪士尼和NBA？中美邦交的恢复，以一枚跳动的乒乓球为媒；白马湖学子理解美国，从一颗美式橄榄球开始。

在美国人心目中，最能代表美国的运动，不是明星云集的NBA，而是美式橄榄球。橄榄球队经常是学校和社区的楷模，数以千万计的年轻人通过打球，学到了从别的地方学不到的东西。

美式橄榄球象征着生活。它要求年轻人竭尽所能，挖掘自己的潜力，激发自己的勇气。它告诉年轻人，什么是牺牲；它告诉年轻人做好本职工作的重要性。从中，我们学会了优先他人、以大局为重；我们学会了和队友共进退……这些都是当今社会上难得学到的课程。

美式橄榄球接纳不完美。没有人是完美的，成千上万不完美的橄榄球运动员，将他们从橄榄球运动中学到的做人准则延伸到生活中，改变了自己的命运。

2015年，白马湖学校推出了校橄榄球队，获得各界一致好评，也激起了学生对橄榄球的兴趣，以及对橄榄球赛制等知识的了解欲望。于是，体育组推出了美式橄榄球的学社拓展课程，也开始了以一枚小球撬动国际理解教育的尝试。对此，他们设计了"四阶式推进"的课程规划。

校橄榄球队展示

第一阶段：美式橄榄球校队+学校联赛，打造特色体育项目"美式橄榄球"，提升专业技能，扩大影响力。

校队组建：美式橄榄球校队，第一批校队队员由专业教练组选拔入队。

教学理念：按校队严肃、专业，兴趣班互动、趣味的模式进行不同教学。即对要打正规比赛的校队训练按正规的体校及梯队的专业训练方法，而兴趣班主要以激发兴趣和体育爱好养成为主。

联赛机制：从区级、市级、省级递升，进行学校之间的橄榄球联赛，优秀校队将代表省队与北上广三地的优秀橄榄球球队进行联赛，以提升学校的全国体育知名度与体育影响力。

晋升机制：按校队和兴趣班学期队员互换竞争模式，由教练组评估的校队最后2名学员降入兴趣班，而兴趣班中前2名优秀学员进入校队。具体的考核指标由2项组成，分别是硬性的数据分析和教练组的综合判定。

第二阶段：社团课、选修课，将特色体育项目"美式橄榄球"普及化。

开设社团课：职业的教练（沃动独家执行团队和储备教练等）带领社团课学员进行美式橄榄球初级阶段的专业教学。

教学理念：由助理教练对社团课进行具有互动性、趣味性、益智性的教学，其中既有个人身体体能技巧的发挥要求，又有团队合作和尊重对手等教育层面的要求。

开设兴趣班：社团课发展到一定规模以及基数人群将开设兴趣班，针对学员开设美式橄榄球中级阶段的专业教学。所有选修课学员均在全学期课程结束后获得由美式橄榄球权威机构颁发的青少年橄榄球认证证书。

第三阶段：橄榄球校园文化日（特色体育项目文化周）。

通过业余第二学堂（兴趣班或选修课），组织以学校为单位的运动俱乐部。俱乐部定期组织丰富的体育活动。

每月或每季度推出签约学校内部及签约学校之间的"橄榄球校园开放日""橄榄球校园嘉年华"等体育文化类活动，推动特色体育校园橄榄球、国际校园体育项目的普及与建设，让更多的学生了解橄榄球的娱乐体育文化以及欢快的体育氛围，为学校打造具有特色体育的体育文化周或体育文化日，提高学校的社会效益与特色项目的知名度。

第四阶段：橄榄球夏令营（冬令营）。

国内营地建设：

a.各签约校队及兴趣班学员的寒暑假橄榄球集训营。

b.国际班学员（待留学）的留学生活体验营：涵盖留学地文化、留学地体育（美式橄榄球）、留学地金融等一系列留学生活先体验。

国际营地建设：

a.校队及兴趣班：在每年冬夏二季选拔出品学兼优的青少年，输送至美国高校橄榄球青训营（NFL橄榄球青训营等），在专业的国际橄榄球教练带领下，根据学员的不同需求制订有针对性的训练计划，给予最具专业性的指导，并与美国高校橄榄球队进行友谊赛，以提升学校的国际知名度。

b.留学预备学员：橄榄球游学之旅（选取橄榄球名校，进行深度走访游学）——亲身体验美国第一社交运动，快速融入留美生活的最好行程。

从以上文字中不难看出，一枚小小橄榄球，不仅让白马湖学子体验到了一种新的运动形式，更让白马湖学子碰触到了地球另一端的一个国度、一种文化。或许，白马湖的学生未来也能走遍全球，以球会友。

三、统筹实施："二下二上"完善课程实施机制

加强统筹协调，保障课程实施。

统筹场地使用。白马湖学校初中部拥有18间完备智慧教室（4.0版的多媒体教室），6间多功能实验室和1间智慧实验室，功能教室7间，创客教室4间，还有体育馆、报告厅、大剧场、多功能教室和学生种植区（农场）各一。学校充分利用学校空间，通过合理规划，保障了40多门学社拓展课程的顺利开设。

音乐教室　　舞蹈教室

陶艺教室

国画教室　　书法教室

团体排练区

统筹课程设置。学校课程与教学中心设计了"二下二上"的拓展课程设置路径。"一下"由课程与教学中心下发《课程项目意向书》，了解梳理教师特长资源；"一上"课程与教学中心依据学校课程理念与教师个性特长设置学社拓展型课程项目；"二下"由班主任通过多种途径了解学生的兴趣所向，整理上报课程与教学中心处；"二上"由课程与教学中心依据学生的兴趣爱好、教师的个性特长、学校的课程目标体系，研制与设置学校的学社拓展型课程体系，确保每个学生每学期能根据自己的兴趣爱好和个性发展需要选择1~2门学社拓展型课程。

统筹课程管理。形成逐步完善的拓展型课程科目申报、退出机制。科目申报机制：新科目实施前必须填写《杭州二中白马湖学校拓展性课程科目申报表》，每学期开学三天内提交"校本课程领导小组"审批；审批通过，允许实施的科目；新科目第一轮实施允许边实施、边建设，学期末必须提供详细的"科目设计"。科目退出机制：学校鼓励并支持教师参与拓展型课程的开发、实施，科目一旦申报获准实施，就不得无故撤销；若学生选课人数少于8人，则停止该科目实施，科目可于下学期经调整作为新科目申报。

白马湖细节22

各司其职，才能百花齐放

开发和实施校本课程，既有决策问题，又有执行问题，必须明确和理顺两者关系，建立有效的组织网络，进行明确的职责分工，才能保障学校课程管理的顺利进行。校长负责有关学校课程的决策问题，课程与教学中心、学生与活动中心主要负责执行问题，任课教师主要负责具体实施。

同时，强化层级管理，确定"层级首问责任制"，提高课程领导力和课程执行力。

校长——课程管理一级责任人。引导全员共同制定学校课程文化核心价值，宏观规划整体课程；制订学校课程方案，具体细化目标，组织落实方案和实施流程，监控课程实施过程，创新特色课程，总结管理经验。

课程与教学中心——课程管理二级责任人。结合市、校课改精神，指导教师制订学科教学计划；统筹协调课程实施，引领组员开发自己独有的校本教材、校本"学材"和校本"习材"，创造性地实践，总结反思经验。

班主任——课程管理三级责任人。班主任工作是其他部门所无法替代的。班主任要开展经常性的思想教育工作，这将有利于提升学生对课程的认识，从而增强学生参与拓展型课程学习的动力和积极性；配合辅导老师按时完成拓展课的报名工作；教育班级学生按时到达学习地点，协助学校，做好教育和组织工作，经常过问学生的出勤情况。

辅导教师——课程管理直接责任人。拓展型课程的教学是根据学生的兴趣，重新组合而成的新的教学集体，所以加强对学生的管理是非常重要的，关系到教学目标的实现。任课教师必须准时到岗，下课铃未响，学生不得提前脱离活动状态；在课前点名，对学生做好考勤记录，并加强对课堂纪律的管理；不坐堂批改作业或干其他有碍于指导的事；专用活动室负责老师要做好活动室内物品保管、门窗关锁工作；教师如有请假、外出参加教研活动等特殊情况，须报教学与课程中心，经批准后由任课老师安排好本组所有学生，再告知教学与课程中心；重视对拓展型课程的学习成绩的管理，每学期末任课教师要对学生进行学习情况的评价，做好该学社拓展课程科目的推优工作；认真写好科目设计和具体的实施方案。

第四节 课程评价：私人订制、特色奖项，树绿色质量观

2020年10月13日，中共中央、国务院于印发《深化新时代教育评价改革总体方案》（以下简称《总体方案》），从改革党委和政府教育工作评价、改革学校评价、改革教师评价、改革学生评价和改革用人评价等方面，对学校内部治理提出了一系列新要求，明确了进一步深化教育评价改革必须"坚持"的五个主要原则，即"坚持立德树人""坚持问题导向""坚持科学有效""坚持统筹兼顾""坚持中国特色"。

基于以上原则，聚焦学生评价，可清晰地认识到：评价不是目的，而是通过评价，引领学生成为具有健全人格的人，是学生成长的导向性关键环节。《总体方案》进一步指出，学校可以通过"改进结果评价、强化过程评价、探索增值评价、健全综合评价"建构科学有效的评价标准。无论采取哪一种评价，其核心都是"以评价促发展"。具体体现在以下几个方面。

——**以结果评价展现学生发展增量**。评价结果不是为了定性，也不是为了给学生的发展画上句号，而是通过阶段性的结果反馈学生当前的发展水平，展现出学生未来可能的发展增量。因此，学校要改变过去围着考试转、眼中只有分数和排名的质量观，树立适应教育可持续发展的"绿色质量观"；教师也要教育家长、引导学生改变过去与他人攀比的评价观，学会跟昨天的自己比，唤醒其自我超越的需要。

——**以过程评价记录学生发展轨迹**。学无止境，学习伴随着一个人终身的发展。过程评价可以增强学生学习过程中的安全感，反映出学生知识建构的贯通性和能力发展的连续性，完整描绘出学生发展的轨迹。这有助于学校和教师找到学生认知发展的学习路径，对促进学生核心素养的培育大有裨益。

——**以增值评价助力学生个性发展**。多元智能理论已经让广大教

师都明确建立了"每个学生的智力水平、兴趣爱好、思维方式、情感价值等具有差异"的认知。教育的目的就是让有差异的学生都能获得差异化、个性化的发展，学校要通过增加评价学生差异的增值评价，创造条件和机会，让每个学生在校期间至少获得一次第一名，获得一次"出彩"的机会，以引导和促进学生的个性发展。[①]

——以综合评价促进学生全面发展。综合评价包含多个方面：一是评价内容要综合化，要对学生德、智、体、美、劳等方面的表现进行综合性评价；二是评价主体要多元化，应借助个人评价、同伴评价、教师评价、家长评价等对学生进行全面、客观的评价；三是评价形式要多样化，不仅要呈现学生的学业成绩，还要有综合评语，以描述性语言或叙述性语言记录学生的成长，全面引导学生健康成长。

学校课程是促进学生发展的主要载体。回归价值维度，观照设计样态与诉求，建构科学有效的学校课程评价标准，是新课程下学校课程领导实践中的关键着力点。多年来，白马湖学校在改革实践中，逐渐形成了一套具有白马湖形成性课程之"智"的评价方案。

一、私人订制，"评"添绿色质量

传统的以纸笔测试形式进行的学科评价是偏重双基的单一评价，主要测定学生的知识技能掌握情况或刻画其学业成绩的提升程度，往往会无限放大终结性考试评价效应，却忽视了更利于促进学生自身改进的过程性和表现性评价，也甚少关注更全面、客观的同伴、家长和自我的多元评价……虽然教育评价改革"破五唯"之一就是要破除唯分数论，中考、高考的形式近年来也在不断改革探索中，但中考、高考的绝对性检测和甄别却是每个学生都无法避免的。

针对学业基础课程的评价，白马湖学校在学校课程领导的顶层架构下，细化了学业基础课程各学科的教学评价标准，对教学评价目标进行梳理建构，探索并形成了学业基础课程评价"三一制、三原则、四结合"的评价操作模式。即无论是期中考、期末考还是班级的小测验，每一次考试后，每一个学生都会拿到一份"私人订制"的评价报告，该评价基于全面性、操作性和增量性原则，全面描述学生个人当前的学科知识与能力，及其在学段中的层级，并给出具有可操作性的阶段性小目

---

① 朱卫国：《改革学生评价，助推"双减"落地》，载《江苏教育》，2022年第18期。

标，让学生能时时对照、时时修正，明晰增量发展方向。同时，借助学校"智慧课堂"大数据和教师的日常观察，对学生各项学业数据进行实时动态收集和分析，在评价时空上，将过程性与终结性相结合；在评价内容上，将多样性与统一性相结合；在评价目标上，将核心素养与知识能力相结合；在评价结果上，将数量积累与质性评定相结合。这种评价操作，强调关注学生的学科能力、知识、水平的"提升值"，引导学生自己与自己比，进行自我增值。

这样一考一生一报告的"私人订制"评价，不仅便于教师及时针对不同的学生调整指导策略，也让每个学生清楚自己的学科知识能力长短板，让每位家长了解学生的表现和发展的潜能，共同为更好地发展增量形成合力。这样的评价，才能真正以评促发展，让教学走上轻负高质之路，在落实学科增知的同时，达成学科育人。

白马湖细节23

29.95分的背后

清晨的春雷，奏响出征的乐章；早上的大雨，让跑道一尘不染；午时的阳光，让前方一片光明：天道酬勤！2021年杭州市体育中考收官，白马湖学子上交了这样一份阶段性答卷——

白马湖应考人数249人。

4人因身体原因请假，将于5月9日补考。

已完成考试人数245人。

其中，1人因身体原因申请免考，记21分。

满分242人，满分率98.78%，平均分29.95。

29.95分的背后有怎样的故事呢？

2018年7月，体育老师和班主任一起（白马湖的家访历来贯彻全员原则，即每个班每一门学科教师全员出动，走访班里每一个孩子），来到新一届初一新生小A家家访，反馈了入学面谈时了解到的该生身体素质情况——擅长跑步，力量是弱项。那就来个"私人订制"小目标——假期里，引体向上实现"0"的突破！

2018年9月，开学了。体育老师找到了小A，要验收小目标了。勉勉强强，小A算是实现了"0"的突破，但力量还需要加强。体育老师祭出法宝——一对沙袋负重手环，让小A平时大课间戴着跑步。

2019年9月，小A初二了。小A个子长高不少，引体向上的成绩嘛……有进步，3个了。但还是不够理想，看来要建议小A换项目了。

2020年3月，春暖花开。引体向上只能做4个的小A选择改项目。那时，体育满分似乎是天边遥不可及的星星。

2020年7月，体育老师给了小A一份"私人订制"小报告，说，这个暑假是弯道超车的好时机，千万不要放弃。于是，那个夏天，陪伴小A的，是每天雷打不动的30分钟实心球练习。微信那端，体育老师给小A一对一地讲动作要领。

2020年9月，从8米，到9米、10米，小A终于投出了一个满分。体育老师说："不要说29分和30分只差1分，丢掉的这1分，意味着你丢掉了体育精神。从及格到圆满，这个过程潜移默化地影响你的一生。"小A享受着这1分给自己带来的改变。

2020年10月，模拟测试不期而至，"私人订制"报告再次上线：努力，让满分成为常态！

2020年11月，继续奔跑，继续投掷。

2020年12月，再撑一撑，别待考后说想当初，现在时间还够！

考前2周，现在满分了，但也要多练一练，多练一次就多一分保障。

进考场前，体育老师检查着每个同学的鞋带，叮嘱着："把鞋带都系成死结。"

考试结束后——

"我们都是满分！谢谢老师！"

"感谢你自己，当初听了老师的话——老师感谢你对老师的信任。"

透过体育中考，或能窥斑见豹。一份份"私人订制"的评价，让白马湖学校的每"1分"都力透纸背，融入学生的真实成长中。

白马奖、黑马奖颁奖

二、特色奖项，"评"促百花齐放

白马湖学校形成性课程体系中的学社拓展课程和社会生活课程，是学业基础课程的"两翼"，也是支撑学校办学目标、育人目标达成的"两基"。该类课程目标衔接上位学科育人目标及下位各活动、科目目标，并为课程整体内容选择、实施要求、评价操作的设计提供依据。各活动、科目目标设计必须衔接、分解拓展型课程目标，同时应关注到实施过程设计体现课程目标、课程实施中对学习过程的要求。

如果说学业基础课程的"私人订制"评价是为了追求均衡发展的"绿色质量"，那么"两翼"课程就给予了学生充分发展个性的平台，在满园绿色中，以评价促进百花齐放。因此，学校制定了相应的评价指标与标准，以及具体的操作办法，力求对组织课程学习的每一位老师和参与课程学习的每一个学生做出恰当的评价。对学生的评价，主要依据授课教师的记录数据（包括学生出勤情况、学生参与热情、团队合作意识、能力锻炼、学习体会等）和学生学习小组的观察记录（包括团结合作精神、独立处理问题的能力、学习态度和学习效果等），对每个学生从以下六个方面评价其增量：1.在知识或技能的某些方面获得进一步的拓宽或提高；2.兴趣爱好和潜能得到进一步开发和发展；3.学会选择并做出决策，能根据自身的基础、兴趣爱好和社会发展需要选择拓展内容与方向；4.在综合实践能力方面得到提高；5.在自学能力、合作能力、批评性思维能力及发现问题、分析问题和解决问题的能力等方面得到增强；6.勇于探索、积极创新、自觉钻研、进取向上的精神得到培养。

同时，学校还设立了各类特色奖项，争取为每一个学生颁奖，如为优秀学子专设"白马奖"，为进步较大的学生设"黑马奖"，为拓展课和学校各项活动中的明星学员专设各类"××之星"奖……让每一个学生都能通过课程，成就自我。

白马湖细节24

白马，黑马，斑马

"马"，作为白马湖精神的象征，往往在活动中扮演着格外重要的角色。以期中表彰大会为例，每学年都会邀请伯骏马会来校做马术表演，获得"白马奖"的优秀学子也会在表彰中获得身骑白马的殊荣。白马少年，意气风发——他们对待学习生活，专注执着，刻苦攻坚；他们和朋友交往，真诚友好，热心善良。在他们身后，还有这样一群后起之秀，以一往无前的拼劲奋力争先，取得了巨大的进步。以黑马之姿，迎头奋进者，就是"黑马奖"得主。有趣的是，在"黑马"中不乏"白马"，在他们身上，我们不光看到白马的优异，更看到了黑马的韧性和拼劲，同学们给他们创造了又一个名号——"斑马"。

人人都渴望成为第一名，但有人跑在前面时，就一定会有人落在了后面。落后，就一定不优秀吗？虽然落后，却依然在奔跑，就是优秀；虽然落后，却依然不急不躁地奔跑，就是优秀；虽然落后，却能为避让一朵绽放的花儿绕道、能为了扶起一棵倒伏的小树而暂停奔跑，就是优秀……

看着白马湖的学生们，我常常自言自语："是你吗，那个思维敏捷、锐意进取的睿智少年？是你吗，那个即便暂时落后，也会奋勇直追的追风少年？是你吗，那个心如溪水，眼波清澈的沉静少年？是你吗……"在教室、在操场、在寝室，我从白马湖学子身上、眼里看到了答案。

白马湖的每一个学生都是优秀的。然而，千里马常有，伯乐不常有。作为教师，作为初中部的大家长，我们首先要学会的，是看见每一个学生，看见每一个学生的优秀，并让他的优秀为每一个人看见。

·本章小结·

通过"一体两翼"的形成性课程设置引导学生学会选择，了解自己的特点，发现自己的长处，在自主选择中体验学习的乐趣，在有兴趣的学习中找到成长的动力和方向。

践行教育生态，必须树立大教育观，革新教育评价，给予受教育者多样化发展、特色发展、全面发展和有个性的发展，承认发展差异性，追求"绿色升学率"。为了白马湖人美丽的教育梦想，我们正全力以赴，把教育过程课程化、课程真实情景化，将创"优·智"课程做到极致。

我们坚信——

教育的模样当如白马，"一体"矫健，恣意驰骋于大地；

理想教育的模样当如飞马，"两翼"强劲，纵情翱翔于天际！

第三章

队伍建设拓宽度

——将塑"优·能"团队做到极致

做整个的校长，办整个的学校。整个的学校，不仅要让每一名学生都得到全面而有个性的发展，也要让每一位教师都找到自己的定位，还要让每一位家长都释放出教育的合力——这样的团队才是白马湖学校最宝贵的财富，才能"让学校成为学生终生难忘的地方，让老师成为学生终生难忘的人"，实践难忘教育，实现教育难忘。

第一节 校长的价值取向与专业成长

校长是一所学校的灵魂。伟大的人民教育家陶行知对校长工作发表了很多真知灼见，曾指出："学校的好坏，和校长最有关系。""校长是一个学校的灵魂，要想评论一个学校，先要评论他的校长。"校长是学校共同体的领导者、学校事务的管理者、师生员工的教育者、教育意志的执行者和组织文化的引领者。其以学校为基础，发挥着建立教育愿景、发展教育能力、开发教育资源、营造教育环境、建设教育共同体、回应社会变化等多项职能。

正如陶行知所言："做一个学校校长，谈何容易！说得小些，他关系千百人的学业前途；说得大些，他关系国家与学术之兴衰。[①]"校长的专业精神与价值取向，决定着一所学校的发展。作为校长，要进行有深度的思考，从事有温度的教育，作有力度的推进；要有与众不同的发展眼光、长远眼光和大局眼光；要有敢为人先、勇立潮头的探索精神和科学发展、不畏艰难、咬定青山不放松的实践精神。在专注新时代教育变革的同时，要以更宽的时代视野和格局，找准新时代基础教育家校社融合坐标系的新定位。

"国家把整个的学校交给你，要你用整个的心去做整个的校长"，只有这样，才"可以发展专业的精神，增进职务的效率"。整个的校长，首先要有自己独立的价值取向。苏霍姆林斯基曾说过，校长领导学校，首先是教育思想的领导，其次才是行政上的领导。[②]因为校长的价值取向决定着学校的办学理念，关系着课程改革的实施效果，关系到学校及学校中每个人的发展。在新课程改革的今天，中小学校长必须树立起基于现代办学理念的"整个的五观"。

---

① 陶行知：《整个的校长》，载《生活教育》，2020年第12期。
② 王晓薇：《苏霍姆林斯基校长观及其启示》，载《教育艺术》，2021年第12期。

——整个的学校观。学校不再是教育行政部门的附属，而是有生命力和独立性的组织，有其自身的成长和发展规律；学校也不仅是几栋教学楼，而是一个由物质环境与精神文化共同构建起来的完备学习场，一所学校无论大小都应有独特的学校精神。

——整个的课程观。一张试卷不能评价所有学生，一种模式也不能适应所有学生。校长需要建构"五育并举"的课程体系，促进学生德、智、体、美、劳全面发展，让教学适应学生，让学生在师生交往、积极互动的活动中体验知识生成、共同发展的过程。

——整个的学生观。学生是有思想、有独特性的个体，是生活在一定的社会关系中具有特定社会属性的人。校长要了解、热爱、信任和尊重每一个学生，要深入学生的精神世界，这样才能既看见学生的共性，又看见学生的个性；既看见了学生的当下，又看见了学生的未来；既看见了学生的特长，又看见了学生暂时的不足；既看见了学生的学习，又看见了学生作为教育者的可能。

——整个的教师观。教师不是校长行政命令的被动执行者，而是校长的合作者，还是学校文化共建者、学校课程合伙人、学校管理参政者；教师也不只是知识的传授者，还是学生学习的引导者、激励者、促进者，甚至在非自身专业领域中，是与学生成为学习共同体的一员；教师就其个人而言，还是追求专业发展的学习者，是回归家庭时的父母、儿女角色，是有个性、有发展需求的人。

——整个的管理观。学校需要形成和谐、健康、充满正能量的集体力量，一方面要强化学校的内容管理，完善管理制度，明确岗位职责，形成学校的制度文化、管理文化、认同文化；另一方面要加强家庭教育指导，构建社会协同共育机制，形成学校、家庭、社会协同育人合力。

整个的校长，还要持续追求专业成长。苏霍姆林斯基认为，校长是"教师的教师"，必须到课堂中去，到教师中去，到学生中去，研究教学和教育工作的客观规律性，依靠科学来领导和管理学校工作。在这个过程中，校长必须不断提升自己的专业精神和职务效率，一方面要以身作则地钻研教学业务，脚踏实地地研究教学问题；另一方面也要不断开阔视野，提升管理智慧。

作为白马湖学校初中部的校长，我的校长价值取向和专业成长，归结为一"放"一"抓"的二元统一。

一、放：下好一盘棋

办好一所学校就如下好一盘棋。教育这盘棋是"和"棋，没有输赢的次数，只有幸福的长度。国际象棋棋盘为正方形，由64个黑白相间的格子组成；棋子分黑、白两方，每方各16枚。我们每一位教职工，每一个白马湖人，就是一枚枚的棋子，在纵横之间尽着自己的责任。校长就是这方棋盘——规划好黑白纵横之后，就应该放出空间，让每一枚棋子可以各行"棋"道，演绎出一盘精彩的棋局。因为，在这盘棋上，只有教职工都成为一个个不回头的"兵"、不放弃的"马"、不停止的"车"、不埋怨的"象"、不迷茫的"后"，才能成全居于棋局中心的代表学生的"王"。

棋逢敌手，将遇良才——这是英雄间的相遇。和而不同、举手无回、深谋远略、勇往直前、守住边界，这是白马湖学校的独特风景。于此风景中，作为校长，首先要规划好棋局；看见并守护好棋局中的每一个"家人"。

明架构。学校组织管理不是依赖于某个"中心人物"（比如校长、主任）来发号施令的，而应该依托于一种合作的、自主的网络，建构校长、教师、学生以及家长之间的信任和合作的关系。白马湖学校借鉴当代社会公共治理领域的"多中心治理"模式，在校长室下设"教学与课程中心""师训与科研中心""学生与活动中心"，分解了校长的部分管理权力；同时，又从行政事务的角度，设置了"三中心办公室"和"初中部综合办公室"，分担了校长的部分事务职能。学校组织管理经由均衡化的管理权力分配以及多元主体之间的协商共识，可以更好地促进学校组织管理的高效运转，使学校治理及教育活动最大限度地追求学校、教师、学生以及家长的公共利益。

见棋力。兵、车、马、象，就如学校教师。"兵"

"三中心"又如"象"，双象合力才能将威力发挥至最大。三中心无缝融合又彼此独立，有活大家干，有事一起担，三中心分工不分家。教学、科研中心两位主任由中考科目老师承担，便于把握中考动向以及与一线教师的交流。德育团队即学生与活动中心，由德育主任、团委书记、心理教师组成，均为非中考学科教师，时间相对自由，便于从另一个角度与学生交流和开展学生活动。三中心的高效有序运行，是学校各项规则具有较强执行力的保障，也是学校重要决策的发端。

如青年的教师，"车""马""象"类似骨干教师，他们有各自较为成熟的教学、管理经验，也初步形成了自己的教育教学风格。学校的教师来自全国各地，主要以中青年教师为主，"70后""80后""90后"各占三分之一；从职称上看，三分之二为中高级教师（年轻的老教师）——都是有省优、市优或"教坛新秀"称号的教坛精英或毕业于各大高校有省优、市优、校优头衔的教学能手。同时，学校聘请了多学科的外籍教师，创白马湖特色的外教课堂。教师配备资深雄厚，又不乏活力。

白马湖细节25

见字如面

作为校长，心之所系，必须有学校的教师、学生、家长。怎么才算是心里有呢？要把他们装进心里，首先要能"看见"。我们可以通过完备的课程和活动体系"看见"学生，可以通过家长学校"看见"家长。那么，我们如何真正"看见"教师呢？

1

"他山之石亦可琢，育人田亩逐时新。陈师拳拳赤诚心，几度躬耕凿玉琛。陈师温和敦厚，认真负责献无私，管理有道见精奇。其人如玉，为畔之琛。祝陈琛老师生日快乐！"

"兰生东轩能解愁，更怜细叶巧凌霜。风晗邪影共堂下，不将颜色媚春光。你班主任工作细致有爱，教学风趣丰富。祝黄晗老师生日快乐！"

……

教师渴望被"看见"，一张奖状固然可以证明校长看见了教师的成绩，一份礼物或许可以表示校长看见了教师的情感需求，但发奖状就意味着有得不到奖的，送礼物也并非常态。生日是每个人的特殊纪念日，在这一天，给教师们送上一张亲笔写的贺卡，将教师的名字写进诗里，将教师的教学亮点放进祝福语中……这样的看见，或许才是教师所渴望的。

2

"'把细小的事情做到极致便是绝招'，这是我经常挂在嘴

致白马湖家人的生日贺卡和贺年信

每逢除夕，慰问留校的安保后勤同志

边的话。但我知道，真正落实这句话的，却是我们每一个白马湖人。而每一个白马湖人都有自己的绝招：同理心是雷东的绝招，感恩是颜柳娜的绝招，教学有趣是赵程程的绝招……致广大而尽精微，白马湖人以极端认真、极端细致、极端负责的态度对待每一个细节和小事，做到踏实留印，抓铁有痕。如果再问我：白马湖的成功有什么秘诀？我会说：我的绝招就是我们的老师。……"

这是年节的时候致教师家人们——一个更大规模的"白马湖大家庭"——的一封信。这封信，成了老师们共同的期待。给长辈每年念一封信，成了白马湖学校老师特有的"跨年仪式"——先念今年的，再念一念去年和前年的，今年的学校有什么新发展，教师们如何努力追求自己的教育事业……信里藏着学校对教师们的关怀，它替起早贪黑的教师们给家人们一份宽慰。做教育是需要有一点情怀的。白马湖学校的教师都非常有韧劲，但是在辛苦背后，其实是很多家庭的默默支持。教师不仅需要被校长"看见"，更需要被家人、被社会"看见"。

二、抓：斟酌每堂课

基础教育的生命力在课堂，课堂是滋养思想的源泉，课堂教学研究是推进新课程改革的重要途径。作为一校之长，要走进课堂，关注和研究教师的教学观念、教学方式和学生学习方式的变化。"如果你想成为一个好的校长，那么首先你就得努力成为一个好的教师、好的教学论专家和好的教育者。"[1]提高学校管理者特别是校长的课程领导能力，是学校全面提升办学质量的关键。抓牢课堂教学生命线，则是关键中的关键。

教师在推进新课程改革中起着关键性的作用。校长

---

[1] 苏霍姆林斯基：《和青年校长的谈话》，上海教育出版社，1983年版。

要按照新课程精神，从抓好教师行为方式的变革入手，挖掘教师投身于课程改革实验工作的积极性，把新课程理念应用到教学设计中，重塑与新课程改革精神相适应的教学模式。

抓教学。作为校长，必须对教学一线最真实的情况了然于胸，最佳途径莫过于亲自上课，同时还要养成坚持主动深入课堂一线听课的好习惯，及时发现教学的先进典型，推广好的经验和做法。

抓教研。"名师"出自"名校长"。校长还要积极投身课改、教改，善于思考总结，做好"传帮带"的工作。一个好校长，能带出一批好教师，能塑造一所好学校。

白马湖细节26

重匠心，斟酌每个课堂①

周虹校长是管理层雷厉风行的好手，也是教学界别具特色的能手。她认为，教书匠是对教师职业的直观描述。教师，应该是一个睿智的匠人，应该具备个性化订制、柔性化生产、执着坚定、精益求精、注重品质的工匠精神。她坦言道：不苛求在功利上成为名师，只求做平凡岗位上孩子眼中的名师。

自白马湖学校建校以来，周虹校长就与学生作息同步。每天早上6点30分开始，从学生晨跑、大课间操、课间，再到晚自修和回寝室等，都能看到周校长的身影。几乎每一周她都吃住在学校，完全融入学生中。

作为一线语文教师，有30年教龄的她，实打实地站了30年的三尺讲台，教材烂熟于心，教案实时更新。她说，备课是在寒暑假就该完成的，她的每一堂课，都随时欢迎教师们推门听。她积极投身于课改、教改，"无痕作文提升技巧""自然品读经典""阅读必抠细节"等成果得到专家的高度认同并大力推广，学校的语文学科成绩在区里名列前茅。

课堂上的高效在于教师备课的细致化和周密性，精讲精练；课下的高效在于面批纠错和定期走班。因此，周虹校长也非常注重一线教师的课堂教学，搬张凳子随时进班听课是她的常态。不管事务多繁忙，她都不忘挤出时间深入课堂，一学期听课节数累计高达160多节，真正做到

---

① 摘自"滨江教育发布"：《卓越教师系列③｜周虹：做一个成功的白马湖人》2020年10月24日。

了进得了课堂，讲得出名堂，亮得出成绩。

除了打造学生喜欢的课堂外，周虹校长还强调教育以生为本，目中有人，让每个孩子的独特个性和闪光点得到展示，让每个孩子得到充分的理解、尊重与关爱，为学生打造了非常多的展示平台。

敲黑板：周校长的小课堂

语文课堂应该是学生精神成长的地方，除了运用语文的学科方法、思维工具进行价值挖掘以外，更应重视阅读与写作对学生精神境界的提升和精神品性的完善。"无痕作文提升技巧""自然品读经典""阅读必拘细节"就是基于这样的语文观、读写观的语文教学实践。

阅读本质上是搜集信息、认识世界、发展思维、获得审美体验的重要途径。"自然品读经典"和"阅读必拘细节"是让学生用多样的读，在言语的波动中，催发情感的波动和思想的波动，关联起自己的经历、阅历和文化积淀，去体味、感悟作品，引导学生在充分的思维空间中，多角度、多层面地去理解、鉴赏作品，产生对文本本身的情感美、文体美和语言美的认同与赞赏，以达到情感的"高峰体验"和人格的"自我实现"。"无痕作文提升技巧"则是通过多种形式的情感蓄力，让学生产生强烈的表达欲、创作欲。如在马致远《天净沙·秋思》的教学中，让学生以默读、朗读、吟咏、配乐读、演绎读等多种形式"读"，以读促思，感悟、描绘诗中的意与境，积蓄情感，产生表达的欲望，进而进行"诗化散文""与诗人对话""诗中感悟"等形式的写作，从而全面提高学生的语文素养和人文素养，让阅读与写作产生和谐美。

白马湖学校语文课堂还通过把好"两道关"，实现学生应用知识和提高智慧：一是"积累关"，强调对基础课本知识的理解；二是"应用观"，强调知识对于生活的解读和理解以及应用，旨在通过分析和积累当前知识点，并应用已有知识解决写作问题。基于此，白马湖学校初中语文的共享课堂大胆探索和实行"小马先生"制：即学生走上讲台当"小先生"，共享个人学习资源，学生当老师，学生教学生，从而实现学生从被动学习到主动学习的转变，激发和提高了他们对语文学习的兴致和乐趣，提高了语文成绩。同时，也极大促进了学生思维能力、人文修养、科学创新等核心素养的提高。

第二节　中层的管理智慧与执行能力提升

　　一所学校工作的得与失，固然取决于校长的价值观与专业度，但一定程度上，学校党政各条线的中层管理者的智慧与能力也在影响着学校的高质量发展。为全面提高基础教育质量、办好人民满意的教育，2020年9月15日，教育部等八部门《关于进一步激发中小学办学活力的若干意见》（以下简称《意见》）出台，把激活学校教育细胞、释放中小学办学活力作为加快推进教育治理体系和治理能力现代化的重大任务。北京师范大学中国教育政策研究院执行院长、教授张志勇解读指出："《意见》围绕完善学校内部治理体系、推进现代学校制度建设推出了一系列重要举措。一是明确行政管理与学校管理的边界，实施清单管理。二是明确学校内部治理改革的科学路径，实施合作治理。三是明确学校要充分发挥外部监督作用，强化社会监督。"[①]从合作治理的角度看，学校中层管理者的管理智慧与执行能力是将学校高品质发展的蓝图转化为教师专业发展、学生全面而有个性的成长，以及学校生态优化的实践样态和美好图景的有力保障[②]，主要包括团队与自我领导力、规划与项目执行力、人格与专业感召力等。

　　——团队与自我领导力。团队是为了实现某一目标，由相互协作的个体所组成的团体，也是超级个体发展的必然趋势。学校中层管理团队是学校承上启下的中坚力量，其团队与自我领导力既包括带领团队完成目标的能力，也包括提升自我成为超级个体并融合团队的能力。也就是要求学校中层能通过相互欣赏、建立信任、科学分工等，凝聚团队精神，提高团队的效能，调动教职工的积极性，发挥其创造性。

　　——规划与项目执行力。规划与项目执行力是学校中层管理团队

---

① 《〈关于进一步激发中小学办学活力的若干意见〉专家解读》，http://www.jyb.cn/rmtzgjyb/202009/t20200925_361488.html。
② 郭兆峰：《现代学校中层领导力的建构维度》，载《江苏教育》2022年第10期。

的关键能力。学校中层管理团队的规划与项目执行力包含了对学校办学愿景和规划的想象力与转化力及项目目标的贯彻与实施能力。就个体而言，执行力就是办事能力；就团队而言，执行力就是战斗力和竞争力。

——**人格与专业感召力**。以德服人、平和积极、创新包容是学校中层管理者必须具备的人格特质，具有这样的人格特质才能更多地以正向引导的话语表达体系开展工作、面对生活、处理与同事的关系，集聚正能量。同时，学校中层管理者还应具备指导和带领教师开展教育教学和研究的能力，才能深入教育教学现场，去发现需求、解决问题、放大亮点。

在校长室的指导和管理下，白马湖学校的中层管理团队秉承"将细小的事情做到极致"的白马湖精神，致力于"让学校成为学生终生难忘的地方，让老师成为学生终生难忘的人"，是一个经验丰富、富有朝气且积极进取的团队。现有校级领导及中层管理干部10位，均为来自学校的一线教师，其中高级教师4名，一级教师6名，杭州市教坛新秀5名。

一、增权赋能：打造最强团队

正如美国管理学家巴纳德主张，团队协作是比天赋更高效率、更高概率的成功方式。21世纪以来，新理念、新文化、新技术不断涌入学校，使得学校的高效治理更加依赖团队。白马湖学校通过对中层组织结构和运行机制的优化，增权赋能，打造了一支紧密团结、任劳任怨的中层管理团队。

结构优化。学校对以"处""室"横向铺展的中层结构进行了改革"瘦身"，通过职权梳理，按学校党政、教学、师生工作、后勤等条线，搭建了四个核心中层管理中心，即学生与活动中心、教学与课程中心、师训与科研中心、后勤与服务中心。同时结合学校实际，在校长室和四中心间增设两个综合办公室，弱化控制、强化沟通。最具白马湖特色的是"心理辅导站"和"团委少先队"两个中枢的设置，成为四中心各项具体事务实施中的"最强智囊团"，以专业为四中心赋能，提高四中心运作效能。（如下页《白马湖学校矩阵治理结构图》）

机制优化。白马湖学校矩阵式治理结构的各层级，既分工，又合作；既分权自治，又相互协调。在矩阵治理结构的制度设计中，不同部门、不同层级均有不同的责任，由于这些中层管理者对本部门的各项工

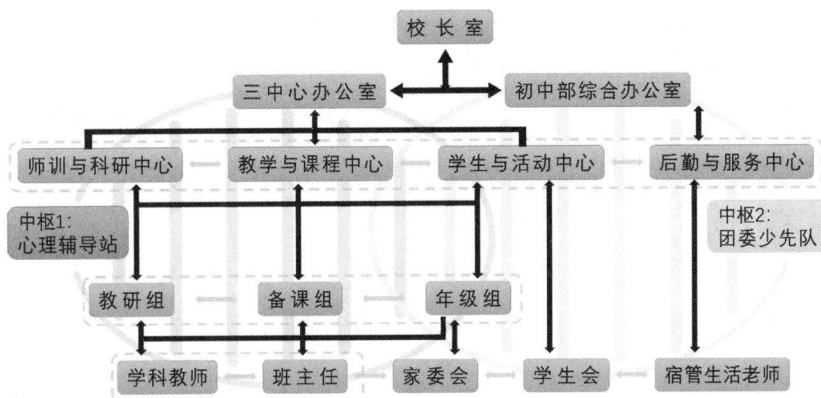

白马湖学校矩阵治理结构图

作负有主要责任，因此学校会根据其部门的职能赋予他们一定的人权、财权，使其可以依据本部门面对的不同的任务特点和成员能力，确定本部门垂直下设不同层级岗位的领导职责，根据实际需求和实施效果动态更替岗位。

如，学校课程领导的顶层架构是"一体两翼"，教学与课程中心就需要考虑如何对该课程规划进行宏观描述与操作转化，即要把一体的"体"和两翼的"翼"以及怎样做才契合"一体两翼"解释清楚。然后带动教研组、学科教师分设制度研发、内容研发等岗位，研制具体、可操作的课程研发制度、流程和方案等。随着项目推进，可根据需要跨部门协调，如两翼课程的活动和拓展课框架搭建需要协调学生与活动中心，形成部门合作。

白马湖细节27

最强的队伍靠团队

20世纪90年代，英国牛津大学的人类学家罗宾·邓巴提出了"邓巴数字"，也就是150定律，他认为人类的社交人数上限为150人。《人类简史》的作者尤瓦尔·赫拉利也认为在150人以内的团体单靠人际关系就能维持正常运作，如果超过了这个人数或者是为了实现团体利益

初中部综合办公室

1.负责初中部的招师工作；
2.负责初中部办公室文件、资料整理工作，以及上级部门对学校的相关考评；
3.负责工会主席的事务；
4.负责初中部党务工作；
5.分管初三年级年级组长工作。

初中部三中心办公室

1.负责初中部三中心统筹协调工作；
2.负责初中部智慧教育发展落实；
3.负责初中部对外部分接待工作；
4.负责初中部信访及家校协调工作；
5.分管初二年级年级组长工作。

白马湖学校部门职能举例

的最大化，那就需要团队之间的精诚合作，并且相互之间都有共同的文化、共同的信仰、共同的愿景。

五年来，白马湖学校初中部教师、学生在省、市各级比赛中捷报频传，成为学生和家长心中的一块"金字招牌"。其背后的倚仗，始终是这支拼命的团队——带着情怀且无怨无悔。

就像宋子晶老师所看见的、所总结的——

初中部综合办公室上官老师，负责初中部的招师工作，负责初中部办公室文件、资料整理工作，迎接省教师发展学校的相关考评，负责工会主席的事务，负责初中部党务工作，还分管初三年级年级组长工作，在文山书海中理出了初中部的文化线。

初中部三中心办公室邱老师，负责初中部三中心统筹协调工作，负责初中部智慧教育发展落实，负责初中部对外部分接待工作，负责初中部信访及家校协调工作，同时分管初二年级年级组长工作——学校大大小小的事务中都有他的身影。

教学与课程中心立足核心素养课程化、校本课程序列化、课堂教学精准化、常规要求细节化；学生与活动中心坚持以育人为本，构德育体系，立细致常规，创管理特色，在活动与课程中植校园文化；师训与科研中心努力做到常规工作规范有序，师训即"实训"，"升华""物化"资料……

当然，我们的成功更离不开我们各位总教头所带领的教师团队：冯教头带领了诗意地栖居在白马湖畔的语文组，许教头带领了精诚合作、拼搏奋斗的数学组，吴教头带领了激情飞扬、活力四射的英语组，杨教头带领了团结向上、精准教学的科学组，陈教头带领了共商共建、共享共赢的文综组，罗教头带领了一马当先、能文能武的万能综合组……

我一直认为：普通的团队指望明星，高水平的团队指望领导，最厉害的团队指望团队。当我们的团队结构能让每一个教师都找到自己的定位，当我们的团队运作能让每个人的力量都指向团队的合力，那这个团队就是最厉害的团队，聚是一团火，散是满天星。

二、躬身入局：强化执行能力

通过组织结构和运行机制的优化，彰显出团队协同优势的同时，还要提升中层管理团队的执行力。执行力是学校的核心竞争力，包含执行意愿、执行能力、执行程度三个方面，就是在想干事、能干事的认识基础上，在会干事、干成事的理解上，想方设法，真抓实干，把工作做到极致。

对学校的中层管理团队而言，把工作做到极致，至少要包含四个阶段。

布置工作。必说清事项、标准和要求，在钉钉群（OA）发布活动方案，统一团队认知，形成"想干事"的认识基础。

提供范本。工作布置后，一定要提供范本，让人有"范"可学、可仿，形成"能干事"的共识。

加强训练。有了标准和范本后，仅达成了"应知应会"。在此基础上让"已会"成为习惯，还必须反复练习，达到"会干事""干成事"。

评价考核。有了评价及其评价标准，就能促进任务的努力完成，所以要有评价，真考核。

以白马湖学校"信息提升工程2.0培训"为例。第一步，明要求。在参加完区里关于提升工程2.0培训的活动部署后，组建提升工程2.0初中部中层管理者团队。在校长室领导下，通过两个办公室协调四中心，共同讨论"信息化规划为牵引，网络化管理为支撑"的整校推进模式如何在我校"落地"开展，并形成相应的实施时间线。第二步，给范本。一是视频示范，二是以身示范。从如何登录平台，到如何学习完成作业，通过钉钉群和教职工大会等进行培训与指导，提高教师作业完成效能。第三步，强训练。一是专家进校讲技术，二是教师自己抓实践，三是中层干部强督促。从教学的大数据分析到数学可视化的软件应用、数形结合，以及电子板书、手动绘图、微课录制等等，通过一系列培训与学习，在实践中提升教师的信息应用能力。以上过程有评价。一是即时评，平台管理老师指出、矫正；二是中层评，师训管理精准盯、关、跟；三是纳入学校评价与考核。

在全面、细致落实工作的同时，要把细小的事情做到极致，更重要的一点就是在做好工作的过程中，**躬身入局，主动思考**。即将自己从旁观者转变为当事人，以当事人视角，"亲历"事件，就能更好地发现需求和问题。如：以教师视角亲历——落实这项信息工程培训工作时，会有哪些工学矛盾？再如：以三中心办公室视角亲历——减轻教师压力时，上级部门对学校的考核如何力保高质量完成？如此，在目标导向、责任驱动下，中层管理团队就更积极、主动地探索最优做法。如，分解层级职责——按学科分组，若遇到提交作业有困难的情况，可以组内互助；如，定岗赋权——信息教师做好技术指导，明确责任与义务；校级联络人做好学校与上级部门的联系，明确考核标准与学校工作落实情况的宣传辐射；学校领导在评价考核中做好有力的后盾与支持，提升教师学习的积极性。

白马湖细节28

"白马湖式"的极致执行力

我曾经听过这样一个故事，老板叫员工去买复印纸。员工买了一包复印纸回来。老板大叫："一包复印纸怎么够？至少要三包。"员工第二天就去买了三包复印纸回来，老板一看，又叫："你怎么买了B5的？我要的是A4的。"过了几天，员工买了三包A4复印纸回来。老板斥责道："怎么买了一个星期才买好？"员工反问："您说什么时候要了吗？"

这个故事如果发生在白马湖学校，会怎样呢？我的老师们告诉我，周校长不会是这个老板，因为她会把任务布置清楚；即使周校长没说清，白马湖的老师们也不会成为这个员工，他们会主动思考，主动发现问题，并参考以往做过的任务，按照学校既定的工作流程和要求，高效执行。

2020年2月，随着一场突如其来的新冠肺炎疫情，学校的教学模式也紧急由原本的传统课堂转变为"空中课堂"。授课方式的急转，对教师而言既是挑战，也是机遇。为了上出高质量的"空课"，三中心办公室紧急协调师训与科研中心、教学与课程中心、学生与活动中心进行了"云课堂"的规划，并做了两项准备。一是技术上的准备。1月18日，学校就已经安排教师学习互联网教学的相关资料，组织教师参与线上教学培训，到2月10日，全体师生都已经掌握了平板使用功能，熟练了平板学习方式，保证了课堂的顺利开展。二是教学设计上的准备。教学与课程中心充分发挥资源共享和集体备课的优势，制订了空中课堂月度计划，对每一门学科都做了详细的规划与安排，备好学案，确保了每一堂课的学习质量，把细小的事情做到极致。

准备就绪，教师团队的高效合作成为线上教学顺利开展最强有力的后盾。以数学组为例，教研组第一时间召开了线上"云"会议，立足于教师的"教"和学生的"学"，同时教研组根据老师们所擅长的教学技能和知识板块，统一分配，分工合作，制订了"初稿重目标，二稿强思维，审核再讨论，定稿又微调"的备课计划，在一个星期内完成了三个年级各两个章节的"私订精致"课程。组里老师一致认为课堂教学是线上教学的"主战场"，如何提高学生的学习效率更是重中之重和难中之难。于是年轻老师们连夜研究讨论了网课所使用平板的众多使用技巧，定时器、答题器、互动板书、在线发奖等多功能组合出击，并将这些"秘钥宝典"制作成步骤长图或者小视频分享在群里，旨在时刻关注孩子们的课堂专注度和知识点的落实程度，利用多种软件平台及时反馈给家长，实现精准教学、有效监督。最终，短短一个月，我们的老师们为学生赶制上线了近500节的"个性化网课"。

把细小的事情做到极致就是绝招。在白马湖的管理团队中，我看见了同伴们躬身入局、精益求精的执行力：在装订材料、摆放水瓶等小事中化身用户，追求极致；在跑操、站队、进场等常规中，化身学生，追求极致……教育是养土工程，必须在细微处用力。在仰望星空、追寻教育最美好境界的同时，更要脚踏实地，坚定地走在追求目标的路上。

三、中层反思：提升管理站位

新时代的教育改革主流是从学科教学到学科育人，从"唯升学""唯分数"转向"五育并举"。显然，要回应学校全面育人这一时代命题，学校中层必须不断提升自身的素养，从能干事、会干事的"执行者"，成长为"智慧管理者"。[①]

基于此，白马湖建立了"中层反思制度"，通过定期的集体研讨型反思和突发事件后的复盘反思，助力中层团队重塑角色。根据事件系统理论，工作场所事件可以引发员工的进化、发展，甚至"蜕变"。[②]王阳

① 鲍传友：《从夹心到核心：学校中层领导力的认识与培养》，载《中小学管理》，2014年第3期。
② 刘东，刘军：《事件系统理论原理及其在管理科研与实践中的应用分析》，载《管理学季刊》2017年第2期。

明先生在《传习录》说:"人须在事上磨,方立得住;方能静亦定,动亦定。"学校中层管理者唯有经得住常规事务和突发事件的磨炼,从中反思,才能在学校各项事务和制度高效执行的同时,提升自己的管理站位,更切实地关注教师与学生的个性成长需要,为他们的发展与成长提供机会和支持。

一是勤于思考。学校中层要勤于走近师生,发现问题,更发现需求。这是躬身入局、主动思考的基础。学校中层还要勤于思考教育转型过程中的一些新问题、新动向,结合校情,预判可能出现的情况,并预设不同的处理方案。学校中层只有在思考上"越位"、职权上不"越位",才能时时将师生的发展放在首位。

二是引领思想。在教育过程中,学校中层要善于从认知、情感、价值观层面引领教师与学生。从某种意义上说,只有当学校中层将师生带到他们想去的地方,其工作才是有积极意义的。因此,学校中层只有学会以正确的价值观引领师生,将大家的行动和想法统一到学校发展的目标上,才能更好地服务师生的成长。

白马湖细节29

行动·反思·成长①
——"初三、初一事件"再思考

2020的冬天,特别不一般,因为这是我来到民办学校的第一个冬天,也因为这个校园里发生了不一般的故事。

首先,从"初三事件"说起,我们要学会几件事。

一是学会化被动为主动。要想化解学生家长和老师的矛盾,不出现理解错位,就需要平时细致沟通。不要出现问题才去沟通——这样的方式很容易让家长理解为是借口和变了味的解释。平时多说一些孩子生活和学习中的细节点,如在哪方面有进步,让家长感受到我们甚至比他们还要了解孩子,让家长在倾听的同时,和我们有更多的共鸣。

二是学会化危机为契机。根据省教育厅的相关指导意见精神,要进一步深化区域性推进初中基础性课程分层走班教学,提高教学的针对性、有效性,促进学生全面而有个性的发展。学校借此机会探索"公民

① 本文作者陈紫薇。

同招"下分层走班的方式与实践路径。

其次，从"初一变动"说起，我们要学会"忍痛割爱"，学会从细节处看行动。

一看教师的行为细节。作为同一年级组共事的伙伴，其实在办公室里偶尔也会听到"负能量"的话语，却万万没有联想到后续的辞职等变化。如果观察能够更细微一些，更敏感一些，就能提前做好预案。

二看学生的行为细节。作为班主任和科学任课教师，在初一的工作重点和中心任务，就是整顿班级纪律，培养学生良好的行为习惯和学习习惯。课堂上记录笔记的习惯，课后整理纠错的习惯，以及复习时整理试卷等复习材料的习惯等，这些都需要老师在初一时就帮助孩子落实。

在后续的调整班级活动中，我们也要学会"团队合作"。作为中层的一分子，遇事多沟通、交流，让同伴了解自己。这样，在处理学校事情的时候，通过团队每一个成员的思维碰撞，让彼此相互温暖心灵，总是能达到事半功倍的效果。

临近年末，我们期望，在白马湖建起一个教育工作者的故事。这里的校园有"三多"——社团多、体验多、师生家校互动多；这里的学生有"三多"——微笑多一点、快乐多一点、成长多一点；这里的老师有"三多"——专业挑战多、生活福利多、人文情怀多。所以，我们作为管理者，能够为这所学校的成长和规划继续"多"做一些什么呢？

第一，多利用媒体等资源，吸引小学家长关注白马湖初中部。

第二，多挖掘课程特色，提升学生综合素质与能力。我校现在已经在信奥、心理、团队、社团等方面较有优势，能否在学科课程上进一步挖掘呢？如建设基于PBL的项目化课程、建立分层校本作业、建立精准化教学的骨干研修团队……

第三，多建立课题，提升教师的教科研水平。为了教师个人与学校的整体发展，促使教师从烦冗的工作中减负，从理论的角度更好地应用于平时的教学，课题的研究是一个有效的路径。

2020年是最坏的一年，也是最好的一年。2020年让我们知道得失是生命的常态，起伏是生活的节奏，成长是生活的收获。我们学会了对"变"与"不变"的从容，也学会了对"理解"与"合作"的感恩。期待2021年，我们都遇见更好的自己，成就更棒的白马湖！

围炉夜话，畅想未来

会做事，很重要。但会做事不只是埋头苦干，在做事里还藏着这个人的思考。所以，我们要做一个会思考的执行者。

白马湖学校的管理中心，就像是一个中央处理器，我们的中层管理者每天会有海量的任务，或重要或紧急，汹涌而来。我们该如何处理呢？

"四个思维"很重要——我们需要有极简思维、OKR思维、危机思维和系统思维。这四大思维构建起平台运行的底层逻辑，是高效运行的核心算法。这四种思维，在中层反思机制中得到了充分的体现。年度总结和复盘，是一次重要的反思。通过一场务虚会，学校管理中心总结和复盘过去一年里的工作情况，结合当前的教育大环境和政策走向，站在更高的维度上为学校新一年工作定下基调。

当"双减"成为教学线的背景底色，教学与课程中心从"双减"主题的教研活动，到"双减"作业设计研究，深度思考学校如何更好地实施"轻负高质"的教育。学生与活动中心聚焦学生的理想信念、责任担当、行为习惯和心理健康，思考推动"五育"深度融合，让学生的成长更有温度。师训与科研中心关注教师的"风格"，提出"四点三力"教师成长工程，即以对话诊断专业成长关键点，以计划找到专业成长着力点，以实施推进专业成长出发点，以回顾提炼专业成长关键点，从而更好地提高教师的学习力、内驱力和影响力。后勤与服务中心雕琢细节，提出"四二提纲"，助力教育教学高质量发展。

承上启下，关联四方。从管理中心的每一位同人的思考中，我看见中层管理团队中的每一员都在成为散发温暖光的人，成为让学校保持沸腾的人，成为坚守办学价值观的人，成为带领学校走向未来的人！

四、后勤服务：实施精细管理

随着时代的发展，人民对教育的要求在不断提升，学生及教职员工的需求也越来越呈现多样化、个性化、动态化发展特点。因此，对学校的后勤管理工作也提出了新的要求。

中小学校后勤管理是学校工作的重要组成部分，是利用人、财、物等要素，为正常教育教学和科学研究有序进行，为师生工作、学习、生活等提供保障和服务，从而完成学校任务的系统性过程。[①]作为学校管理的一部分，后勤管理工作除了承担服务和保障职能之外，也有着独特的育人和社会功能。

精细化促保障和服务高质量发展。学校后勤主要涉及师生在校的餐饮、住宿、校园绿化、校园安全、节能降耗等方方面面的基础保障和服务，必须通过高标准、精细化的管理来促进后勤保障和服务高质量发展。

精准服务提升育人和社会属性。学校后勤管理通过改善学校育人环境、后勤人员的服务身教发挥育人作用，达到培养学生社会适应能力的目的。借由通过提高后勤人员的精准服务意识，来提升后勤的育人和社会属性。

基于此，白马湖学校通过制定高标准、全面全程把控细节，来实施后勤服务的精细管理。

如后疫情时代，面对反复的疫情，学校后勤制定了"三严两细"标准，建构精细化校园防疫保障系统。即严控出入校园人员，严格执行重点场所和区域日常消杀及室内通风换气，严密校园常态化疫情监测预警，细化完善疫情应急处置和卫生保障要求，细化环境卫生整治和校内个人防护流程。又如学校食堂工作，不仅根据师生喜好不断增加菜品品种，还响应"光盘行动"，推出了按需自主打饭和半份菜等措施，减少浪费现象，教育师生养成节约粮食的习惯。

同时，学校后勤管理团队还对后勤人员的言行举止提出了更高要求，以精准服务来实践"身教"示范。我们观察与记录后勤人员开展工作或与学生交往中的现象，以此作为培训案例，在后勤人员例会和新进人员的培训中进行分析、讨论与演示，从道理和行动两个方面培训后勤人员。如观察到食堂处理垃圾时没有进行垃圾分类，经培训后，食堂推出了垃圾分类细则；如观察到安保人员在奏唱国歌时没有肃立，确立了保安升旗观礼制度……以此强化后勤人员的"育人"观念，让他们明白他们的每一句话、每一个动作、每一个眼神都具有教育的作用，都可能会影响到学生的成长。

---

① 赵清芳：《建好"生活课堂"：让学校后勤管理发挥出育人功能》，载《中小学管理》，2021年第9期。

白马湖细节31

"烟花"易冷，白马湖有情

每年暑假，学校都会迎接台风的洗礼。2021年夏天，一场路径复杂、影响范围广泛的"烟花"登陆浙江舟山，给江浙地区带来大范围强风暴雨。

"烟花"台风初期，学校立即启动防汛抗台紧急预案：暂停校园维修工程，全面检查校园内外安全隐患，及时加固绿植，转移户外及窗台边容易坠落物品，关紧门窗，检查排水设施，及时疏通修理更换排水口井盖、水泵等；储备防汛沙袋500余个，铁锹20把，推水扫把30把，挡水板2块，临时水泵2个，加固树木90余株。

7月21日，"烟花"正面来袭，学校接纳了一群特殊的避险群众——他们是来自大华智慧物联解决方案研发及产业化项目标段一、二工地的建筑工人，214位"城市建设者"。学校在17：30接到安置消息后，半小时不到，后勤教职工们就将体育馆整理出来，作为临时安置点，安排群众暂住。今年接收转移群众200余人。

按照防疫要求，学校对转移过来的群众也一一进行了测温和亮码排查。

为了让转移群众能在安置区域过得舒心，学校行政后勤物业保安人员加强后勤保障，全力服务好转移到我校的避险群众。不仅为他们提供了干净整洁的安置区域和卫生沐浴场所，提供了基本的物资保障，还贴心地准备了温暖的姜汤和面包点心。同时，通过大屏幕转播了精彩的奥运节目，陪伴大家度过风雨之夜。当晚，校医还为避险群众提供了有力的医疗支持。

工人们表示："学校场地非常宽敞，各种设施配套都很齐全。"能够在这里暂时性躲避风雨，他们觉得很好，很感恩。

第三节　教师的成长共同体打造

"师者，所以传道授业解惑也。"真正意义上的教育改革，离不开教师的成长。北师大肖川博士曾明确指出，教师的专业发展是教育改革的关键因素。[①]对于人类而言，教师是立教之基；对于国家而言，师资是兴教之本；对于一所学校来说，教师是学校发展的第一资源。中共中央、国务院《关于全面深化新时代教师队伍建设改革的意见》指出，要"坚持兴国必先强师，深刻认识教师队伍建设的重要意义和总体要求"[②]。

任何时候，学校都必须把打造一支优秀的教师团队作为提升学校发展核心竞争力的首要任务。而在新形势下，教师的终身学习和专业发展都应该由个体层面向群体层面有效突破，发挥团队聚合效应，实现更高质量的发展。基于共同愿景，建立互学共研的教师成长共同体，是一种有效的尝试。实践中，要特别注重"三个一"。

——一个核心：**统一的价值导向**。对于教师而言，专业发展和专业成长最重要的核心力量是发自教师内心的"能动力"。而在教师成长共同体中，这种能动力需要建立在对共同愿景的共识与共情基础上，以统一的价值导向凝聚起共同体成员的情感认同。

——一个目标：**多种途径促专业发展**。教师成长共同体要关注每一位教师的发展，通过专家名师引领、读书工程、青蓝工程、赛课研训等多种途径帮助他们不断学习，明确个人成长发展的方向和目标，帮助教师掌握专业发展的策略和技能，唤醒教师的专业自主发展意识，夯实并积淀教师的文化底蕴。

——一个驱动：**倡导"研究"与"反思"**。"教而不研则浅，研而

---

① 肖川：《以改革的精神反思课程改革》，载《人民教育》2005年第5期。
② 《中共中央 国务院关于全面深化新时代教师队伍建设改革的意见》，http：//www.moe.gov.cn/jyb_xwfb/moe_1946/fj_2018/201801/t20180131_326148.html。

不教则虚"。教师成长共同体要以学术论坛、课题研究、沙龙研讨等方式营造研究氛围，让每一位教师爱研究、能研究、善研究，且力争都能研究出成效，赋予教师快速提升能力、快速成长的驱动力。于漪老师说："越学越知不足，越学越有内驱的动力。"学习、研究的过程，也是促成教师反思的过程。而有了反思，又能激发教师进一步研究的热情。

积于跬步，成于细流。白马湖学校在"四有"好教师的引领下，致力于"精诚合作"的教师成长共同体打造，展现出全新的教师发展样态。

一、四个能力立根基

2014年第30个教师节前夕，习近平总书记考察北京师范大学时发表重要讲话，勉励广大教师做有理想信念、有道德情操、有扎实学识、有仁爱之心的"四有"好老师。白马湖学校基于学校的办学理想和育人目标，将"四有"转化为白马湖教师的"四个能力"。

爱的能力。"教学的艺术不在于传授本领，而在于激励、唤醒、鼓舞"，在白马湖学校，每位教师都是学生的成长导师，每位教师都具有心理团辅的资质，为学生快乐成长保驾护航。

服务能力。在白马湖学校有句话：白马湖兴亡，人人有责，白马湖教师都具有"我为人人，人人为我"的团队合作精神。

跨界学习能力。白马湖教师除了要有专业素养外，还要有跨界素养，从单一学科走向跨学科整合，将知识的学习立足于不同学科间的迁移和贯通。所以，白马湖学校推门听课、教师成长共同体、教师成长联盟不仅是教师跨学科学习的载体，更是教师学习成长的常态。

空杯能力。在白马湖学校，不管你来自哪里，我们都要求教师时刻怀有空杯心态，敢于把自己过去的一切归零，将自己融入白马湖的环境中，对待新的环境、新的工作，这样才有机会获取更大的成功，才会不断地提升自己的事业和境界。

白马湖细节32

那个管学生最严的老师，其实爱得最深

这是学校微信公众号推出的"白马湖故事"中的一个主人公，她叫杨亚妮，是"高颜值、高才华、高要求"的三高教师。她有着"数学人"

的严谨逻辑，在她的课上，同学们往往被"虐"得不轻。但她的学生却会在节日贺卡里感谢她的严格——"数学的广博与深奥让人欲罢不能，就像杨老师的严格一样，我们爱数学，我们也爱杨老师。"

让学生都喜欢上她的严格，杨老师的秘诀是什么呢？她讲述了这样一个故事。

我们班有一个孩子，已经有两周没交作业了。每次课代表问他，他都推说没写完，或者可怜兮兮地求情：能不能明天交啊？端午回校批到他的作业，正确率还挺高。我喜出望外，于是上课的时候叫了他来回答问题。结果，他结结巴巴地磨叽了半天，也没吐出一个字来。"那你是怎么做对的呢？"有些同学起哄。面对同学们的质问，他很着急："我忘了，我不是抄的。"再没有其他的辩解。后来，这件事情就交给班委，按照班规处理了。接下来的两天，我都觉得他在课堂上闷闷不乐。于是，在办公室的走廊上，我俩心平气和、面对面地交谈了10分钟。他迟疑了一会儿，主动聊起了端午作业的事情。

我静静地听着，突然说："抱歉，这件事情我处理得不够漂亮！"

对面的他惊呆了。我顺势建议："来一个'君子约定'吧，这一周只要你每天能独立完成作业、按时上交，同学们自然会慢慢信任你。"

"我不知道自己行不行。"他压低声音。

"我看你行！"我鼓励他道。

我不知道自己哪儿来的自信，其实心里也没有底：他到底能不能说到做到？赌一把，又怎样呢！因此，这周每一个晚上我都在作业堆里苦寻这位同学的名字，结果如我所愿。周五放学的时候，我把一张便签交给他，上面写着："××妈妈，您的孩子是一个男子汉！他说话算话，这一周每天按时完

学生送给杨亚妮的明信片

93

成作业，Good Job！2020年11月22日。署名：×××。"我不知道后续他会怎样发展，至少此刻我们彼此都能够释怀，彼此很近。

让学生喜欢你，或许是对教师"四个能力"最大的考验。你不给予学生爱，学生自然不会爱你；你不能放空自己，接纳学生，学生自然不会走近你；你高高在上，没有以学生为中心的服务能力，学生自然不愿和你对话；你拒绝跨界、故步自封，学生自然也不会向你开放。

反之，你一定会是最受学生欢迎的老师，一如杨老师这般。

二、两种引领明方向

西方有句谚语："对于一艘没有航向的船来说，任何方向的风都是逆风。"教师的专业发展，也需要辨明方向——不辨方向地启程，无异于盲人瞎马、南辕北辙。因此，白马湖教师成长共同体特别重视专家引领及课题引领的导向作用。

专家引领。教育教学行为的正确实施必然离不开科学思想与理论的指引。对于一线教师而言，重视专家引领无疑是开展有效教学的捷径，是实现专业发展的法宝。白马湖学校的专家引领有两个层次：一是有目的、有计划、有步骤地通过"走出去"和"请进来"，对教师进行高层次的专业引领；二是通过"白马湖八分钟学术讲堂"系列活动，寻找身边的"草根专家"，以白马湖一线教师的智慧开讲，启发同伴。

课题引领。苏霍姆林斯基主张，研究是能给教师带来快乐的最幸福的道路。[①] 依托课题是进行教学研究的好途径，围绕一个课题展开教育教学实践，可以使教师的研究更有针对性、持久性和实效性。白马湖学校通过《基于中学生核心素养养成的一体两翼的形成性课程体系建设与实施》《促进均衡发展的"套餐式"选修课程规划设计与实践研究》《基于五力素养提升的校本课程群的构建与实践》《初中分层走班模式下的有效作业研究》《智慧教育环境下的微课制作》《基于大数据分析的精准化教师专业成长规划研究》等一系列的专业性课题，让年轻教师快速成长、骨干教师再焕生机。

---

① 苏霍姆林斯基：《给教师的建议》，教育科学出版社，2000年版。

白马湖细节33

名师垂范，百家争鸣

"学如逆水行舟，不进则退。"教师更是如此，只有不断注入新的养分，才能成为更优秀的自己。我校设立有周虹名校长导航站，成立教师成长共同体，还有一学期一度的学科周、班主任论坛、教研组论坛等各色活动，共同助力教师专业的发展。

每年暑假，白马湖学校还会邀请各路"大咖"，为教师们烹饪一顿思想的饕餮盛宴。

在白马湖讲坛上，全国优秀语文教师郭吉成跟老师们聊"一线教师与教科研制造"，给大家指明了教科研学术的发展方向；全国德育专家邹六根教授向老师们传授了一名优秀教师所必须具有的"一忠、两心、四力"；江苏省语文特级教师黄厚江老师，用自己的教育历程教会老师们如何"赢得学生"；杭州市模范班主任费颖老师以自己班主任经历中的种种实例，展现了班主任工作的各种技巧；致力于教育法学研究的夏雪律师，以案说法，给老师们上了一堂生动的校园安全管理与自我保护课。

"大咖"引领，被老师们亲切地称为"8月的生猛海鲜"，科学老师从中品出了智慧、规则、责任、思想、技术、师爱与效率；英语老师品到的是只有发奋努力，才能毫不费力；体育老师开始思考，找寻自己的教学风格；班主任给自己定了一个小目标，要成为"教学能力型"教师……

很欣慰，智慧碰撞擦亮的火花，足以照亮我们前进的方向。

三、分层培训助成长

教师之间的基于学科、教龄及个性等因素形成的差异性，决定了制定教师培养策略时不能"一刀切"，必须充分尊重教师的发展意愿，指导他们找到契合自身发展的目标和路径，从而能依需规划、分层培养。

为充分发挥骨干教师以及经验教师的教育教学优势，强化其示范、辐射和引领；同时为了通过传、帮、带、导、提、教，切实加快新教师成长，实现学校教师队伍素质的动态提升，白马湖学校采取了分层培养、层层递进的校本培训策略。

第一层次：卓越层——中高级职称的成熟教师；

培训目标：让优秀成为习惯。

第二层次：超越层——30周岁以下青年教师及新教师；

培训目标：越努力越幸运。

白马湖细节34

打造教师成长的"白马湖模式"

教师的幸福感，在于持续学习和成长。让不同层次的每一个教师都能找到自己的获得感，找到自己成长的内生动力，就是杭州二中白马湖学校初中部打造教师成长特有的"白马湖模式"。

"老鹰式"教师的蜕变

林志永　来到白马湖的第一年，我就在数学教研组老师和专家的帮助指导下，经过不断的磨课、上课、反思、改进，提升了自己对教材、对学生的解读能力。以前，我备课往往会按自己的经验预设教学过程，而在白马湖，我学会了备课除了备教材外更要备学生，从学生实际情况出发，备学生需要的课、感兴趣的课、能提升学生能力的课，这样的课才是真正有效的、高效的课，学生才会真正爱听。在这样的过程中，教师也得到了发展，同时学校也着眼于教师的终生发展，尽最大的努力提供平台。

蒋雄飞　作为2015年来校、有着十余年教学经历的老师，我诚挚感谢校领导及综合教研组的老师们给予我这次难得的机会。在一个多月的磨课过程中，从确定教学流程到研磨课的细节，经历了由简到繁再由繁入简的过程，综合教研组的同事们从课的各个环节给出见解，确定教学过程后再从教态口令上抠细节等。这次课的准备过程真的是一次思想的升华，令我不仅在学科上也在团队合作精神上感受到组内的凝聚力，感受到作为一名"老鹰式"教师的蜕变——磨去陈旧的思想，融入团队，再一次诠释了白马湖的文化和精神。

和白马湖一起成长的教育"新"人

鲍坛军　进入白马湖以后，"将细小的事情做到极致就是绝招"震撼我心。不管是学习和活动的不倦追求，还是校园文化的大气建设，面对目之所及的各种小事，我们用心做。也正是这样的坚守，白马湖人创造了一个又一个奇迹。白马湖人有一种主人翁的精神：哪里需要，我就上，及时补台。作为白马湖的一分子，我深感幸福。

舒　敏　当初毕业时对白马湖的"一见钟情"，让我有机会与这所有温度的学校相伴成长。短短4年间，我非常幸运地获得了全国、省市区各级荣誉30余项。成绩和收获的背后，是初出茅庐时前辈的指点迷津，是茫然无措时领导的鼎力支持，更是遇到困难时团队的无私相助。

黄　健　进入白马湖两年，每学期至少一次的展示课让我对一堂好课的构成有了更深刻的理解，除了通过趣味性的情境和动手实验来落实知识点的学习外，还要从学生的角度思考，设立难度梯度，帮助学生搭建起学习的支架。在此基础上，对学习内容进行更深层次的讨论，培养学生的高阶思维。

胡月霞　教育是科学，更是艺术。在这条教育路上，感恩师父们的悉心督导，感恩同组老师们的关怀、帮忙与指导。在活动中历练才能促成自身的专业成长，我在精心备课的过程中有收获也有问题。"路漫漫其修远兮，吾将上下而求索"，我会在"生学为本、合作内化、师教为要、点拨升华"的教学原则的引领下，继续不断反思，不断实践，不断完善，不断提高，实现自我与学生的共同成长！

四、评价创新促发展

美国学者斯塔费尔比姆指出："评价最重要的意图不是为了证明，而是为了改进。"为呼应白马湖学校"一体两翼"形成性课程建设，学校改革原有的教师评价制度，创造性地实施了捆绑考核、团队评价。即学校对教师的评价考核与绩效方案的制订是以备课组为单位进行的。同时，学校设立了"学科整体考核""教师增量考核""班级团队考核"三个考核维度，并构建了分层次的细化指标，量化考核。这样的评价，尊重了教师个体的差异性，放大了团队的聚合效应，缩短了新教师的适应期，促进了老教师的持续发展，更促进了团队内的智慧共享，使每一位教师都能在自己原有的水平上得到提高。

同时，白马湖学校还通过多种活动平台，对教师进行"多角色"评价。如，在白马湖教师的角色不仅是学科教师，还可能是班主任、成长导师、社团导师、设计师、摄影师、新闻工作者……学校搭建平台，鼓励教师一专多能发展。评价的内容也是多维化的，不是仅仅停留在教学质量上。如，教师是否具有团队合作精神，是否有"校兴我荣，校衰我耻"的意识，是否积极参与学校发展规划的制订并能提出可行性的建议和意见，是否不断校正个人目标使之与学校的目标一致，是否积极参与教研组、教务处等组织的活动，等等。

白马湖细节35

兰桂齐芳，合则共赢

1997年，在《华为基本法》起草的过程中，起草小组的一位教授问任正非："人才是不是华为的核心竞争力？"任总回道："人才不是华为的核心竞争力，对人才进行管理的能力才是企业的核心竞争力。"所以，在《华为基本法》里有一句话："认真负责、管理有效的员工是华为最大的财富。"经营人才，是华为的制胜之道，同样也是学校发展的核心。一所优秀教师辈出的学校，一定是一所卓越的学校。

如何建立起机制，让一所学校优秀教师人才辈出呢？优秀人才的成长，合适的土壤是关键，有效的管理是核心。白马湖学校不仅给教师营造了学习型学校的良好生态，增强土壤的"肥力"，更建立了一种团体机制，强调"成团出道"与"合则共赢"。

在白马湖教师成长的道路上，永远不缺少团队的力量。当你困惑了，可以向师父求助；当你迷茫了，可以向同伴倾诉；当你无助时，可以向团队借力……或师徒结对，或成长共同体，或学科组教研，或跨学科联盟，或班级团队建设，"成团出道"是白马湖教师的常态。

何以评众师教育之功？学校于爽老师高度概括之："共生共赢共发展，同心同德同辉煌。"

白马湖学校构建了分层次捆绑评价制度。一方面，学校的教师队伍无论在年龄、专业，还是教育教学水平上或许有诸多的差异，这些差异使得教师队伍呈现层次性结构，但不管处于哪一层次，每位教师都有发展各自潜力的机会与可能。这种分层教师评价体系尊重教师的差异性，努力实现教师的差异发展，公平回馈不同教师的劳动与贡献，促进每一位教师在原有水平上得到提高。另一方面，学校对教师的评价考核与绩效方案的制订也以备课组为单位进行，细化指标，从学科整体考核、教师增量考核和班级团队考核三个维度进行捆绑考核和团队评价。如，白马湖学校的年级组，有"辅学生成长、导学生成才、圆学生梦想"的成长导师，有坚持"爱岗敬业，凡事皆以学生为先"的正、副班主任，更有把办公室作为"常驻地"的各学科老师。年级组教师捆绑合作，学科与德育"双轮驱动"，大大缩短了新教师的适应期，促进新教师尽快成熟，也促进老教师的持续发展，让每一名教师都在团队中找准自己的定位，构建价值驱动，以团队合理的价值分配，撬动团队更大的价值创造。

这就是合作的魅力。兰桂齐芳，合则共赢，打造了白马湖学校姹紫嫣红春如许的盛景。

五、多维展评激活力

任何人的成长与进步，都离不开一定的平台，教师也不例外。白马湖学校基于日常教学工作和科研探索，组织多种形式的教育教学交流、展示、合作和学习平台，以期构建适于教师专业发展的良好生态，营造积极教研、追求卓越的浓厚氛围，促进教师教学水平和能力不断提升。如，推门进课堂、BMH好课评展、青年教师晒课、优秀教研组备课组展评等。

展评活动也注重分层，让不同层次的教师都能有施展的舞台。如，面向35周岁以下青年教师的"天马杯"晒课，各学科组采用"同课异构"的形式，在考察老师们的真功夫的基础上又让每位年轻教师上出了自己独有的味道；对于老教师，则进行"骏马杯"课堂展示；还有青年教师和老教师师徒同台、同课异构的"天骥杯"赛课。好课多磨，无论哪一种形式的课堂教学展评，教师都以学科组抱团的形式，互学共研，反思提升。在骏马奔腾、天马行空的美好场景下，学校教师团队硕果累累。迄今为止，学校初中部教师参加省市区各级各类比赛，获奖面达100%。

白马湖细节36

这次晒课，值得纪念；这节课，值得付出[1]

与以往不同，这个教研组的青年教师晒课，有着不同的学科、不同的学段、不同的主题……百花齐放。综合组的青年教师们把此次晒课作为自己素质提升的契机，以饱满的精神投身到课前准备中，认真揣摩所选教材中蕴含的教学思想和方法，积极探索教法，精心设计教案。

课堂有辨析与交流，有感悟与体验，有欢笑又有惊喜。同时，校内、区内教师们积极参与听课、评课，创设了浓厚的教学研讨氛围。

1

李亦欣老师通过"火山形成"的比喻，帮助学生理解性意识萌动是青春期的正常现象；通过"火山爆发"的比喻，引导学生探索青春期的爱情萌动带来的影响。通过分享，同学们可以以更好的姿态去迎接并面对爱情的萌动。在最后，用"爱岛公约"保护爱情的萌动，尝试将这份冲动转换成自我的成长，成为更好的自己。

这堂课同时也是滨江区新教师公开课选拔赛（心理健康）的其中一课。区内兄弟学校的心理学科老师齐聚一堂，共同研讨。

李亦欣老师执教心理健康课《爱情的火山岛》

课堂感悟：本节心理课采用艺术表达的形式，在形式上和传统的心理课程有一些区别，但是学生的反应给了我莫大的鼓励——他们在课堂上的生成，和我的课堂理念不谋而合。感谢在磨课过程中我的师父——舒敏老师的指导和修改意见，使课堂更科学化，更能走进学生心灵。过程是曲折的，但是结果令人欣慰。课堂，永远是有遗憾的艺术。今后，我将在实践中一步一步完善。

---

[1] 转载自杭二中白马湖学校微信公众号。

2

黄哲老师通过让同学们亲身体验生活中的语音识别技术应用来开启课堂。从生活入手，黄老师带领同学们一步步深入探究语音识别技术的过程以及原理，然后通过自己设计的简单算法模型，让同学们模仿机器进行语音识别。课堂上，同学们发现了算法模型的不足，通过讨论交流，全班同学和黄老师一起进行优化，深入了解了人工智能技术的原理和基本过程。这节课充分调动了同学们的积极性，让同学们形成了自主发现问题、解决问题的思维，提升了创新意识和社会责任感。

黄哲老师执教信息技术课《语音识别技术》

这节课同时也是滨江区新教师公开课选拔赛（信息技术）的其中一课。区教研员洪优萍老师和区兄弟学校的信息技术学科老师们给予了肯定评价和指导意见。

课堂感悟：这次公开课前后准备了两周，从自己深入学习知识和技术，到在同组经验教师——施艳老师和郭紫微老师的帮助下，试课、磨课，一次次推倒重来，设计环节，从一开始枯燥的理论课，到后来的体验、设计模型、优化算法。在自身学习和共同成长中培养学生在信息筛选、方案优化等方面的能力，找到信息素养的增长点。这次评比，值得纪念；这节课，值得付出。

3

侯瑶瑶老师的课堂形式新颖，运用现代多媒体技术进行美术教学。以《朝花夕拾》封面作为切入点，让学生在希沃白板上对它的封面进行排版设计，使同学们在这个过程中初步感受到了排版的技法和乐趣。

在深入赏析原版《朝花夕拾》封面的过程中，同学们很深刻地感受到了"早晨盛开的鲜花，傍晚的时候拾起"的意境美，从而认识到构思立意在封面设计中的重要性。在学生对一个好的封面有了概念的基础上，回到他们最亲密的"朋友"——教科书上，重新对它的封面

侯瑶瑶老师执教美术课《封面设计——教科书Re-design》

进行了探讨，继而通过欣赏不同地区、不同风格的精美教科书，对心目中的教科书封面有了期待，激起了设计封面的渴望。

整个课堂环环相扣、层层递进，最后学生呈现的作品形式丰富且精彩。

这堂课同时也是滨江区新教师公开选拔赛（美术）的其中一课，区教研员李挺老师和区内美术老师们在课后进行了简单的交流和点评，对这堂课给予了肯定。

课堂感悟：从刚开始的精心备课、不断试课、耐心磨课，再到教学环节设计大换血，其间完成了一个质的突破。教学设计不断地向学生自主探索模式完善，所有的环节都指向了一个具体目标，也让学生在亲身实践的氛围中感受美，欣赏美，创造美。在此过程中，美术组的老师给予了我极大的指导和帮助，使我受益良多。今后我将不断地雕琢自己，希望一幅幅美的作品通过学生展现出来。

4

沈栋梁老师在篮球运球急停急起的课堂中，从原地的分解练习到行进间的练习，从短距离到长距离，从慢速到快速，逐步增加难度，并将运球违例的裁判手势穿插在课堂中，给学生建立规范意识。通过哨音组织学生做行进间急停急起的技术动作，培养了学生的快速反应能力；通过手势组织学生做行进间急停急起，提高了学生对球的控制力；最后将练习内容放到了实战中，以一攻一防的形式培养了学生的实战能力，让学生深刻感悟本节课所学的技术动作。

沈栋梁老师执教《篮球运球急停急起》体育与健康课

这堂课同时也是滨江区新教师公开课（体育与健康）的其中一课。王德刚名师及名师导航站的老师们不吝指教，使青年教师受益颇多。

课堂感悟：本节课经过一次次的磨课，在体育组同事们的帮助下一步步地改进练习内容，最后基本达到了预期的效果。每一位同学都认真、有序地进行练习，学到了技术，但在组织方法上还有待提高——提高后会让内容更有趣，更能激发学生的运动兴趣。在一攻一防的实战演练中，看到同学们都能做出本节课所学的技术，我觉得这节课的教学目标已经达成。

晒课，是奋进的起点。白马湖青年教师在经验老师的带领下，不断学习，共同进步，一起在教师专业成长的道路上一路奔跑，一路欢歌。

白马湖细节37

师徒同台，追求真实的语文

"天马杯"为学校青年教师搭建了"晒课"平台，"骏马杯"则是老教师们的展示舞台。如何让两个层次教师的教学思想更好地碰撞、融合呢？"天骥杯"师徒同课异构赛课应运而生。2018年9月26日，杭州二中白马湖学校初中部语文组的一对师徒进行了同课异构"天骥杯"赛课展示。同时，学校还邀请了市、区教学研究员进行点评与指导。

那天，两位老师选择的是《穿井得一人》这则文言寓言的阅读教学。文言文在初中语文教材中占有比较大的比重，一直是中学语文教学的一项重点。但因为语言文字伴随历史发生了较大的演变，无论是语法还是词汇语义，都和现代汉语有一定的距离，因此也造成了学生理解上的困难。所以，文言文又成为中学语文教学中师生共同的难题。这对师徒敢于迎难而上，勇气可嘉。

首先出场的是徒弟。他的课堂，如他的人一样。充满了阳光活力。一开始他就以"传话"游戏导入，瞬间将学生激活了。随后通过断句设计——去句读，让学生在反复品读中，读出文言的意味，培养文言的语感，品悟了文言寓言的故事性。

师父的课，则体现出了老教师抓学生、重习得的稳健教风。她抓住学生的不懂"察传"，以问题导向，和同学们一起进入文本，探究编撰者的意图。她这节课的最大的亮点是通过情节改编这一学生活动，牢牢把握住故事情节和寓意之间的关联，追求深度学习。

课后，两位教研员提出了高屋建瓴的意见和建议，指出两位授课教师都能关注学生活动、关注联系生活、关注学习方法的指导。让学习真正发生，是白马湖课堂给两位教研员留下的最深刻印象。

看来，这对师徒，并不仅仅是勇气可嘉。语文是真实的，尊重文本、尊重学生、尊重课堂，白马湖追求的，不仅是一种真实的语文教育，更是一种真实的学习。于学生如此，于教师亦如是。

六、阅读立言炼思想

朱永新教授说过，一个人的阅读史就是一个人的精神发育史。教师专业发展的重要途径之一就是阅读，通过读书获取所需要的知识，涵养教育情怀。为此，白马湖学校大力倡导教师多读书，一方面建立了"我们一起读书"的教师读书机制，营造浓厚的读书氛围；另一方面还设立专项基金，鼓励教师"著书立说"，以文字淬炼思想，实现书本知识的内化。

白马湖教师每年都有以下作品付梓出版：

1.《"成就卓越教师"暑期培训手册》——师德培训配套读本；

2.《白马湖教师发展手册》——教师个人发展规划导学读本；

3.《新教师见习手册》——新教师教学常规导学读本；

4.《行走在蓝天白云之间》——国际理解课程学生作品集；

5.《师说思语》——教师个人教育教学札记；

6.《我们的20××》——白马湖教育叙事集；

7.《我们一起读书吧》——教师读书心得集锦。

白马湖细节38

《师说思语》序言

《师说思语》约我写卷首语，备感荣幸。2017年，在一个万物争荣、百鸟争鸣的美好季节里，《师说思语》在白马湖初中部诞生了。我校教师又多了一个属于自己的刊物，多了一个关注社会的窗口，多了一个精神交流和慰藉心灵的家园，多了一个舞文弄墨、展示才华的舞台。

翻阅着这本散发着淡淡墨香的校园刊物，我的眼前浮现出一张张熟悉的脸庞，以及他们在课堂上诗意挥洒、在灯下笔耕不辍的身影……他们真诚的话语、睿智的思考，让我感动、敬佩，同时也深深激励着我前行。

新校刊的出版承载着我们殷切的希望——旨在展示校本教研的成果、教育教学的经验、优秀课堂的展示、热点问题的讨论、教改信息的沟通……搭建这个平台是为了实现资源共享，优势互补，丰富校园文化生活，提高业务理论素质，更好地贯彻新的课程标准，繁荣我们的教育园地。

教师可以在课题、论文、读书、学术讲堂四项中，选择一项自己喜欢做的，并且在该领域进行深度发展。做课题、写论文、做读书报告、开设学术小讲堂等，老师们选择自己喜欢的、有营养的、能让自己获得专业发展的途径。在教科研方面，只做草根研究，做一线教师能做的研究。如果说重大课题、重大研究、名师引领、专家报告是牡丹、是玫瑰，名贵精致、光彩夺目，那么草根们的研究就是蒲公英、蔷薇，甚至是无名杂花、杂草，如搞搞叙事研究、案例研究、课例研究等。

但是，我也经常听到诸如此类的刺耳的话语：教科研论文是虚假的东西，都是东拼西凑的，写不写都没什么价值。我也常常思考这个问题：写教科研论文有意思吗？我想，应该是有意思的，至少它能带给我们吐故纳新的思索。教师有了反思，自身专业素养才有促进，我们的课堂才会有生命和活力，我们的教育才会充满希望。

冬去春来，走过四季，我们将收获教师的成长和思想的成熟，《师说思语》将真实地反映教师们幸福成长的心路历程。我们期待着《师说思语》能让更多的教师"研"起来，让更多的学生"动"起来，让更多的课堂"活"起来，让更多的灵感"涌"出来。

第四节　家长的教育参与和同频共振

　　家庭教育是大教育的组成部分之一，是对人一生影响最深的一种教育，夸美纽斯称之为"母亲膝下的教育"。对学龄儿童而言，家庭教育既是学校教育的基础，又是学校教育的补充和延伸。近年来，家庭教育的重要性日益凸显，2022年1月1日起，《中华人民共和国家庭教育促进法》（以下简称《家庭教育促进法》）正式施行，更将家庭教育由"家事"上升为新时代的重要"国事"。《家庭教育促进法》明确了家长"依法带娃"应履行的责任和义务，指出"未成年人的父母或者其他监护人应当与中小学校、幼儿园、婴幼儿照护服务机构、社区密切配合，积极参加其提供的公益性家庭教育指导和实践活动，共同促进未成年人健康成长""定期了解未成年人学习、生活情况和心理状况""进行有针对性的学习，掌握科学的家庭教育方法，提高家庭教育的能力"。[①]

　　可见，"教育参与"已成为法律赋予家长的权利和义务。而为家长提供"教育指导"服务，也成为现代学校必须担起的时代职责。实际上，"家长参与"式的现代学校制度的改革已成为许多国家和地区进行教育改革的重要主题和趋势。美国的《不让一个儿童落后法》和《入学准备法》、日本的《21世纪日本教育新生计划》、法国的《教育指导法》、英国的教育白皮书《追求卓越的学校教育》、韩国的"5·31教育改革方案"、新加坡政府的COMPASS计划（Community& Parent in Support of Schools）等均凸显了家庭教育的重要性。各国已经意识到：只有家庭教育与学校教育并重，改变家庭教育现状，才能提升国民教育质量和民族素质，才能在国际竞争中处于优势主动地位。[②]

---

① 《中华人民共和国家庭教育促进法》，http：//www.moe.gov.cn/jyb_sjzl/sjzl_zcfg/zcfg_qtxgfl/202110/t20211025_574749.html。

② 尹霞：《国际视野下家庭教育中父母参与质与量的差异比较》，载《教育导刊》2021年第10期。

但是，对个体成长而言，学校教育和家庭教育各具独特价值。学校教育介入家庭教育指导必须掌握适度、平衡原则，不能将学校教育凌驾于家庭教育之上，自上而下，制式指挥家庭教育，使家庭教育失去其随机性、灵活性；更不能过度干预，转移职能，将家庭变为学校的分校，用学校教育取代家庭教育。同样地，家长参与学校教育，也要合理、适度，在积极配合学校教育教学工作的同时，不断学习，理解教育规律，为优化学校育人工作合理建言献策，做好学校的"支持者""志愿者"和"辅助者"。

因此，学校在开展家庭教育指导工作的过程中，需要明确自身的目标、责任和方向。在和家长建立起"以学生发展为中心"的共识基础上，着重从"认识子女""认识学校""学习卷入"三个方面，指导家长更科学、更高质量地参与学校教育，与学校形成育人合力。

——适度开放教学，帮助家长认识子女。当前，我国中小学校的家长已经普遍以"80后""90后"为主，他们的教育观念在向更正确、更科学、更现代的方向发展，普遍更关注、也更渴望了解子女。因此，学校可以创造条件让家长适度走进课堂，近距离观察子女的学习状态，增进父母对子女的了解，从而促使家长更加有效地开展家庭教育。

——适度开放管理，帮助家长认识学校。家校合作是当前基础教育学校改革的重要内容之一，其前提是家校彼此认识和了解。但当前中国大多数家长并不了解学校的管理制度，也不了解运行过程，在此背景之下的"家校合作"难以落地，"家校共育"的目标也难以实现。因此，学校可以通过设置家委会，并适当放权赋能，使其更充分理解学校行动背后的逻辑，成为学校管理和运行信息的传播者和沟通者，增进广大家长对学校工作的理解和认同，从而为学校教育营造良好的家庭支持环境。

——增强"有意义"互动，帮助家长科学卷入子女的学习。近年来，让家长改作业、让家长辅导竞赛、让家长组织实施假日实践活动等变家长为"助教"或"编外教师"的做法，不仅增加了家长的负担，还误导了家长对子女的学习卷入。学校家庭教育指导工作，应改变无意义的互动模式，鼓励专任教师在学科学习上向家长传递有意义的信息，如与家长共享学习目标、学习进度、学习方法以及子女的学习特点等，引导家长改变评价观，帮助家长心理减负，对家长提供专业指导，可有效帮助家长卷入子女的学习。

建校以来，白马湖学校就致力于新时代家校融合实践，开展"家长推门进课堂"活动，设立家委会和家长学校，全面提升了家长教育参与的"量"和"质"，促进了家长和学校、家长和学生的同频共振。学校的家长团队成为学校高质量发展的强大后援。

一、价值趋同，同频共振之基

家校融合的第一步是培养共同的价值观，形成共育的力量。从内容上看，是形成统一节奏和步调的过程；从形式上看，是育人思想、教育风格的同化和协调过程。无论从哪个角度实现趋同，其基础就是要建立起良性的双向沟通管道。为此，白马湖学校采取了多种沟通举措，为家长与学校同频共振建立基础。

C↔C模式，即任课教师与家庭间的双向沟通。这种沟通从每年暑假的全员家访开始。炎炎夏日里，所有任课老师走进每一个家庭，在第一时间了解家庭情况，将家校合作的教育观念深入每个家庭中。当40℃的高温遇上500℃的热情，便是用步伐丈量城市的距离，用爱心搭建心灵的桥梁。

C↔B模式，即家长与学校的双向沟通。白马湖学校特别开设"家长推门进课堂"活动，让家长走进教室，了解子女学习的过程和状态。在课堂中，理解学习的发生，也就能理解学校的教育教学行动，从而转变评价观，真正实现家校携手，呵护学生的可持续发展。

B↔B模式，即家长团队与学校的双向沟通。白马湖学校注重发挥家长团队的力量，参与学校事务性工作，打造最强辅助团队。学校不仅有白马湖家委会，还有膳管会。学生的健康成长离不开营养美味的一日三餐，但众口难调，学生难免会对学校食堂的饭菜有种种挑剔。学生的微词反馈到家长耳朵里，就成了大事。于是，学

○─ "同频共振"本是物理学的一个知识点，指当两个物体的频率一致时，就会产生共振。运用到心理学上，则揭示了这样一个道理：如果两个人在思想、行为、意识、观点、想法、言论等方面一致，就会产生共鸣，最终走到一起。

校邀请膳管会成员到校免费就餐一周，实地参观厨房，目睹餐食制作流程，亲自品尝食物的味道。膳管会对学校就餐环境、秩序与食品安全有了真切感受，就能更好地理解学校工作，主动转换为学校和其他家长之间的沟通桥梁。

白马湖细节39

爸爸妈妈的白马湖课堂初体验

经过了漫长的暑假，孩子们重回校园。收心了吗？跟上学习节奏了吗？适应住校了吗？……家长的心中一定是忧虑满满的。变化和不确定性是造成人焦虑的主要原因。让家长放心，说万言，不如让他们亲历一次。

于是，一张"家长推门进课堂"的邀请卡适时送到了家长手中。这一天，家长们走进学校，坐进了教室，解开了心中的疑虑。他们如是说——

初一年级：这么优秀的老师们我们放心

"期待孩子的学习成绩更上一层楼。感谢每一位老师，你们细致、耐心、认真负责，让我们家长很感动。把孩子交给白马湖，我们家长安心、放心，感恩遇见白马湖！"

"今天听了四节课：英语课灵动有意思，数学课严谨细致，语文课深情有内涵，文综课视角广阔有提升。"

"今天来班级听了半天课。学校的学习环境很好——不管是设备还是氛围，都很棒。沉浸式的课堂，老师生动的授课内容吸引了同学们积极互动，我听得都很入迷。目前家长和孩子对新的初中生活都很积极和投入。希望今后家校持续沟通，让学生保持学习激情。"

初二年级："小树苗"们正茁壮成长

"老师们激发了孩子学习的兴趣和主动性，注重学习习惯的培养。"

"很满意！老师们上课认真、幽默，孩子们发言都很积极，能够准确地表达自己的感悟，真棒！作为家长感到很幸福。真心说一句：谢谢老师们，你们辛苦了！"

"通过家长开放日对学校班级进行全方位了解，我感觉到无论学习环境，还是教学氛围，白马湖学校都很棒。希望学校越办越好，成为杭州市乃至全省、全国名校。"

"孩子进校一年多，在各方面都有了很大的进步！作为家长，看到孩子的成长，很欣喜，也非常感谢学校和老师们！希望孩子再接再厉，在学校和老师的帮助下取得更好的成绩！"

初三年级：去书写更美丽的人生吧

"很精彩的课堂，有生动的辩论，有严谨的过程，有来自灵魂的考问……学生在课堂上参与积极。"

"课堂深入浅出，由点到面，能够针对孩子的阶段性问题给出有效的解决途径，调动了孩子的学习积极性。非常感谢各位老师！"

"课堂上分析精准，答疑解惑，比较了解孩子心理，能引导学生自主思考，勇敢表达，幽默风趣的授课方式值得点赞。"

家长推门进课堂，与孩子们共同经历课堂的起伏转折；教师们则从家长们的课后评价中汲取了力量，发现了自身的进步空间；学校则细化了下一步的方向，为实现更好的教育做好准备。

教育需要投入，家庭教育与学校教育同等重要，只有双方不断地交流合作，才能一起进步、完善，为孩子创造一个更加美好的培育环境。

二、提升自我，同频共振有术

为加强家校融合，当前，各地都在探索建立家长学校。设立家长学校容易，但如何科学合理地持续开展学习活动是一个难题。白马湖学校的家长构成中包含不少高学历、高收入人群。常言道"虎父不容犬子"，这类家长对孩子要求严格，但存在着片面追求智育培养，忽视对非智力因素进行关注的现象，如忽视道德品质、行为习惯养成；同时，这类家长平时大多忙于工作，家庭教育常常是"快餐式"的，教育参与的"量"和"质"都得不到保证，对子女缺少陪伴，对子女情绪和心理健康疏于关注。当然，家长中也不乏对家庭教育十分重视，教育得法，亲子关系融洽，希望汲取更多专业指导的。因此，家长学校采用统一的授课形式，很难让不同类型的家长都感到受用。

基于此，白马湖学校的核心管理团队在校长室的牵头下，综合运用教育学、心理学、测量学等学科理论，全面考察家长关于家庭教育的项目需求，围绕"共同成长"这一目标，搭建"2类课堂—3阶沙龙—4项亲子"的立体化教育平台，探索基于"1234"阶梯式家长学校新样态，构建新时代初中家长学校立体模型，促进"学校—家庭—社会"联动发展，优化家庭教育效果，推进家校共育实践。

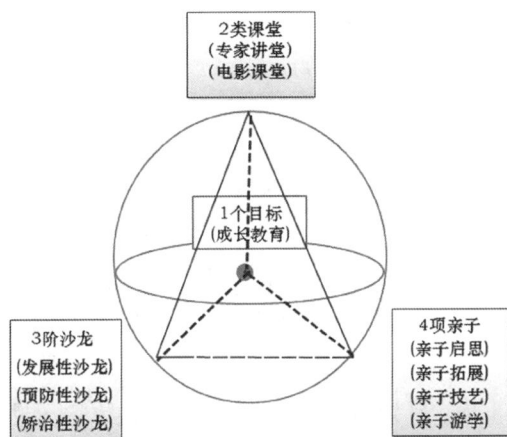

家长学校立体模型架构图

2类课堂，指专家讲堂和电影课堂。根据学生成长需要，经验探究，在不同阶段开设针对性的主题课程。如初一针对中小衔接开设"中小衔接，当好智慧家长""正确看待孩子的学习成绩"等课程；初二针对青春期教育需求，开设"谈青春期家庭教育的有效方法""如何应对孩子的青春'断乳期'"等课程；初三针对升学开设"合理帮助孩子进行生涯规划""应考学生的家庭支持策略"等课程。

3阶沙龙，包括发展性沙龙、预防性沙龙和矫治性沙龙。其组织形式自由，通过交换角色、雕塑法、角色扮演、即兴戏剧等方式开展，参与者的代入感和体验度较高，是现代教育中新型的互动活动形式。家长通过沙龙式互动学习，增强体验感，提高亲子沟通的实操能力，发挥优秀家长的同伴促进作用。

项目体系序列长效。家庭教育是终身陪伴的，家长学校的项目设计也应是一个循序渐进的过程。在课时安排上，要合理利用家长的余暇时间，避免在学生面临大考、升学前搞突击，以密集型讲座替代平日散乱的教学。教学内容的安排遵循学员思维发展的一般规律，体现出由易到难、由表象到本质的特点。比如，通过对家庭教育中存在的一些现象进行剖析，让家长认识到问题存在的实质，继而反思自己的教育行为。

创新项目教学方法。在教学方法的选择上，将讲授法与研讨法、视听技术法、案例剖析法、角色扮演法、诊断式培训法等多种方法结合起来，将集体教学与微格教学结合起来，将传统的授课方法与现代教育技术相结合。在网络新媒体迅猛发展的时代，应充分利用网络媒介，建立网上家长学校、家校联系QQ群、家长学校公众平台、微信群等多种学习交流平台，及时了解家长需求，解答家长疑惑。

多层次分区块开展。根据家长学员的具体情况来组织教学内容，从实际出发，避免单一标准。不同家庭在思想观念、行为习惯、对子女的期待、教育投入、教育期待、家庭氛围等方面均存在着差异，事实上，每一位家长学员都有其"最近发展区"，多样化的教学内容选择可以有效贴合家长的学习需求，使他们得到不同程度的提高。

重视学习反馈评价。建立量化考核体系，制定常规的学习制度，对学员的考勤、学习情况进行记录。家长可通过家庭教育的心得体会，以个别约谈、小组约谈或集体辅导的方式对学习效果进行反馈。

白马湖细节40

白马湖的家长学校

在"依法带娃"的呼声之下，全国妇联、教育部等11部门联合印发的《关于指导推进家庭教育的五年规划（2021-2025年）》（以下简称《规划》）正式面世。为实现"十四五"时期家庭教育的高质量发展，《规划》提出了推动中小学、幼儿园普遍建立家长学校，并组织开展每学期至少2次的家庭教育指导服务活动。

规划容易，但要将"每学期至少2次"的数字变成实实在在受家长欢迎的活动，还是十分考验学校（尤其是校长）的智慧的。在白马湖学校，家长学校早已有之，而且运行得还不错。一方面，我们针对不同年级学生的共性问题，给家长分级支着，很实用。另一方面，我们也尝试用不同的形式，将给家长的教育指导变得更多样化，让这些"大学生"能学得进去，学得饶有兴致。

其中，电影课堂是最受"大学生"们欢迎的。如果你有一个天赋异禀的孩子，你会给他提供怎样的教育与生活？电影《天才少女》引发了家长们对于教育方式的思考。反之，如果你有一个平平无奇，甚至略有缺陷的孩子，你能坚信教育会创造奇迹吗？电影《奇迹男孩》和家长们分享了一个"理解""接纳"和"渴爱"的故事。自2015年被评为杭州市家长学校"智慧家长电影课

家长学校论坛

堂"试点单位以来，我们一直在积极完善"电影课堂"这一新路径。

用"心"观看电影，用"爱"灌溉成长。如果说片中人的故事启发了家长们的思考，那么，白马湖家长的故事则更具有现身说法。在学校举办的家长学校成长论坛上，我们请毕业生家长分享他们的经验：白马湖首届毕业生应子帆爸爸帮家长们问诊了家庭教育中的疑难杂症之"手机问题"，2019届毕业生储安哲爸爸跟家长们分享了名曰"交流陪伴"的教育良药，2019届毕业生钱一禾妈妈作为一名家庭教育指导师现场给家长们做起了"沟通接纳"的团体咨询……草根智慧，招招实用。

在家长学校，我也和家长们做过很多交流：我们聊"当青春期遇上更年期，如何抓住教育的黄金期"，我们也聊"在白马湖的平台上，家长如何成为孩子的一面镜子"……种种话题，只为育人。

随着对初中生心理发展、认知方式、情绪变化等方面特点的深入了解，家长更加尊重子女的学习习惯、个人选择和兴趣爱好，并给予子女更多的个人空间；逐渐从唯成绩论，转变为更注重孩子的综合素质和个性发展，与学校的育人价值取向也更加同频了。

为人父母，就是一场心胸与智慧的远行。"你生下来的孩子并不属于你，他是借由这辈子与你成就一个亲子关系而来互相学习的……"和孩子一起学习，共同成长，是父母最好的给予。

三、身份认同，同频共振相契

同频共振的另一要义，就是情感的双向流动。在家校融合的过程中，学校不仅要指导家长的教育参与，也要肯定家长的教育参与，同时还要引导学生看见家长的付出、感恩家长的养育、发现家长的专业技能，与家长共享成长的喜悦。

节日时分，与家长共情。"每逢佳节倍思亲"，因为是寄宿制学校，白马湖学生的很多节日都是在学校度过的。学校便以此为契机，通过"亲子启思活动"，引导学生感恩家长。如中秋节"月下写诗"，表达对家人的思念；三八妇女节，开展"妈妈对我有三重恩"活动，利用节日前的周末或写一封暖心家书，或制作一张特色卡片，或准备一份贴心礼品，将这些承载着自己心意的礼物藏在家里的某个角落，在节日当天给妈妈打电话指导其寻宝，送上节日惊喜。

课外时光,与家长同乐。"双减"落地,家长与子女有了更多共处的闲暇时光。家庭教育陪伴增"量"的同时,更要提"质"。白马湖学校通过"亲子拓展活动"和"亲子游学活动",在活动中提供亲子高质量互动的机会,学生和家长通过同心协力与分工合作,促进亲子之间的相互理解和包容,降低"亲子一体感",减轻焦虑情绪①,凝聚"白马湖家人"的团队意识。

传艺时间,与家长互学。白马湖学校很多学生的家长是各行各业中的精英,如医生、记者、律师、建筑设计师、网络构架师等。"三人行,必有我师焉",学校重视通过家长的专业素养启迪学生的职业规划,通过"平安校园""相伴校园"等活动,将家长请进学校,成为学生的"职业导师",既拓展了学生书本之外的知识,也增进了学生对家长的了解,让他们体会到爸爸妈妈在父母这重身份之外的别样精彩。

荣耀时刻,与家长齐享。家有儿女初长成,子女的成长与进步是家长们最为关心的话题。白马湖学校特别注重多管齐下,与家长分享学生的优秀。如班主任的即时在线分享和每周进步报告,让家长觉知子女的成长与改变。再如,学校的各类表彰活动,邀请家长同台领奖。校领导为获奖的同学和家长一起颁奖,教师给每一位获奖的同学撰写的颁奖词里,都会肯定一番家长的功劳。家长们表示,被自己的孩子"带着"走上领奖台的感觉,真的特别自豪。

通过这些方式,家长的教育参与得到了肯定,家长更能与学校形成情感的共鸣,更加强了他们对"白马湖的家长"的身份认同,也就能更好地与学校达到深度融合。

白马湖细节41

有一种骄傲,叫白马湖家长

2021年6月19日,夏至未至,天气微凉,中考第一天,雨蒙蒙,情深深。中考的帷幕在杭城温润的小雨中缓缓拉开。"寒窗苦读十二载,素琴轻弹三两声",杭州二中白马湖学校初中部2021届学子们踏上了实现梦想的征程。

① 周虹:《"双减"背景下初中生亲子冲突解决对策》,载《中小学心理健康教育》,2022年第9期。

为莘莘学子送考历来是白马湖的一项传统。怀揣着对学生们的牵挂和祝福，早晨7点半，白马湖人为参加中考的学生们带来了一场热情的送考。初三的老师们、学弟学妹们、三个年级的家委会成员和二胎宝宝们夹道欢送。"同学们，口罩要戴好哦！""准考证和考试用具你们再检查一下。""阅读理解要记得分点答题，作文不要忘记写题目！"……一句句叮嘱，一声声鼓励，仿佛一颗颗"定心丸"，为考生们驱散了中考首日的紧张气息，让每一个白马湖学子都自信满满，昂首阔步地走向逐梦的征程。

白马湖家长送考

送考的队伍里，有一群特别的身影——是刚结束高考的白马湖第一届学子和他们的家长，他们要把自己的考运延续给学弟学妹们。连续三年，这一届白马湖家长都会前来送考，不需要组织，他们就都来了——穿着统一的服装，举着"马到成功"的条幅，早早地到考点外布置好了遮阳伞，放好了小凳子，志愿为白马湖家人服务。白马湖毕业生们说，他们和所有白马湖毕业生一样，出走经年，归来仍是白马湖人；而他们的父母，还是白马湖家长。

白马湖家长，是他们的骄傲，更是学校的骄傲！从校服的订购、食堂的食品安全监督，到学校地下车库网络信号的覆盖……白马湖家长总是在学校需要的时候为学校分忧。即使孩子毕业了，他们依然活跃在学校的招生季、送考点，为学校摇旗呐喊。白马湖的家委会也自发形成了"传帮带"机制：上一届家委会手把手地指导下一届家委会协同学校开展工作。甚至当白马湖的孩子们升入高中后，白马湖高中家委会也自动运行起来。正如白马湖家委季妈所言："对于白马湖人来说，白马湖不仅是一所学校，更是孩子们心中的家，是家长们心中的家。毕业却不是离开，因为我们是一家人！"

·本章小结·

一个校长决定学校的高度，一群教师决定学校的厚度，一群学生决定学校的温度，一群家长则决定了学校教育的宽度——以上人才要素，聚合而成一个团队，才是整个的学校，才能实现学校的长远发展，也才能让这个学校里的每一个人都得到自由而充分的发展。

我们以梦为马，塑造"优·能"团队，践行"精、诚、勤、爱"四个字，把细小的事情做到极致，努力托举起每一个白马湖人的梦想。

第四章

学生发展赋温度

——将育"优·秀"学子做到极致

教育的本质是为人的发展。教育者只有眼中有人，才能真正实践为人的教育，也才能培养出"眼里有光芒，心里有理想，行动有力量"的鲜活的真人。白马湖学校在活动与实践中立德树人，在心理健康课堂中育"心"育人，努力看见更优秀的白马湖人，也努力让学生学会看见身边优秀的白马湖人——见贤思齐，让优秀成为一种习惯。

第一节　明德惟馨，润物无声

2018年，新时代第一次全国教育大会，习近平总书记在会上强调："培养什么人，是教育的首要问题。"这一重要论述深刻揭示了我国教育的根本目的和任务。顾明远先生主张，教育的本质就是促进人的成长和发展，就是培养人才。"才者，德之资也；德者，才之帅也。"学校是培养人才最集中、最有利的场所，其培养人才观，既要育智，更要育人。

育人的根本在于立德。从马斯洛的需求层次理论来看，个体不仅具有低层次的生理和安全需求，也有高层次的自我实现和超越需求。立德，不仅是个体的自我意识发展需要，也是社会伦理"求真向善"的本质要求。《中小学德育工作指南》[1]指出了新时期学校育人的六大途径。

——**课程育人**。从严格落实德育课程、发挥其他课程德育功能、用好地方和学校课程等方面，充分发挥课堂教学的主渠道作用，将中小学德育内容细化落实到各学科课程的教学目标之中，融入渗透到教育教学全过程。

——**文化育人**。从优化校园环境、营造文化氛围、建设网络文化等方面因地制宜开展校园文化建设，使校园秩序良好、环境优美，校园文化积极向上、格调高雅，提高校园文明水平，让校园处处成为育人场所。

——**活动育人**。利用节庆纪念日、仪式教育活动、校园节（会）、团队活动等，精心设计、组织开展主题明确、内容丰富、形式多样、吸引力强的教育活动，以鲜明正确的价值导向引导学生，以积极向上的力量激励学生，促进学生形成良好的思想品德和行为习惯。

——**实践育人**。通过开展各类主题实践、劳动实践、研学旅行、志愿服务等，开展有益于学生身心发展的实践活动，不断增强学生的社会责任感、创新精神和实践能力。

---

[1] 《教育部关于印发〈中小学德育工作指南〉的通知》，http://www.moe.gov.cn/srcsite/A06/s3325/201709/t20170904_313128.html。

——管理育人。要积极推进学校治理现代化，从完善管理制度、明确岗位责任、加强师德师风建设、细化学生行为规范、关爱特殊群体等方面，提高学校管理水平，将中小学德育工作的要求贯穿于学校管理制度的每一个细节之中。

——协同育人。要加强家庭教育指导，构建社会共育机制，积极争取家庭、社会共同参与和支持学校德育工作。

德育是春风化雨、润物无声的工程。白马湖学校秉承着"将细小的事情做到极致，实践难忘教育，实现教育难忘"的信念，立足本校实际，梳理六大育人途径，建构起"育人全员化+团队一体化+仪式序列化"的白马湖式特色德育体系。

一、级部管理，三全育人

家校融合和学校管理在育人目标上具有一致性。白马湖学校向内健全管理育人的制度体系，赋予全员育人的岗位责任；向外搭建管理育人的家校共育平台，汇聚育人的有效合力。

以级部管理为主渠道，以年级组为主阵地。学校在"学生与活动中心"下设德育研究室、团委少先队、德育研究室、健教中心、年级组、家委会和宿管中心，以级部管理为主渠道，形成了级部扁平化协同管理育人的模式，各部门既密切配合又极具针对性。1.加强班主任队伍建设，每个班级配备一个主科且有经验的班主任和一个充满活力的年轻副班主任，定期召开班主任例会，落实班主任负责制。2.通过教研组加强各学科的德育渗透性和社会实践制度，联合家长学校与社会各种资源共建育人机制，充分发挥好全员育人的作用。3.通过德育导师对学生进行私人订制成长指导，加强对学生进行思想引导、学业辅导、生活指导和心理疏导，为学生快乐成长保驾护航。成长导师制、班主任负责制和社会实践制度同时并行，互为补充，形成全员育人、全方位育人、全过程育人的德育网络。

以家委会为学校德育强大辅助。通过家长自荐方式确定校级家委和班级家委，组建一支参与学校各方面事务管理决策的家委会。家长积极参与对学校食堂、小店的运营及管理的监督，参与学校安全工作的隐患排查与监督等，架起学生、家长、学校之间的高速信息通道，并协助实际解决实际问题。

通过宿管中心为学生提供生活保障和生活指导。每周由主管定期召开会议，阶段性进行生活管理工作的交流和反馈，及时进行住校生的座谈会，协调学生的生活和学习的管理工作。

白马湖细节42

爱的教育

常常听人开玩笑，称班主任是世界上最小的"主任"，却有着最大的责任。他们每天都是最早出现在教室里，却又最晚离开；他们不仅要完成自己的学科教学工作，还要处理班级里大大小小的繁杂事务。

如果说一位好校长决定了一所学校的风格，那么，一位好班主任就塑造了一个班级的风貌。班风清正，则校风蔚蔚。因此，不断加强班主任队伍建设，更新班主任工作观念，创新班主任工作途径，培养出一位位出色的班主任，关乎着学校的育人大计。

白马湖学校在集结班主任智慧和经验的前提下，以精品化设计为基础，构建了具有专业性、专题性的班主任校本培训体系，成立"德育研究室"，组建班主任联盟。如抓住班主任培养关键期的分层培训，提升班主任班会课实施水平的"班主任十课"系列研讨活动，定期召开班主任例会、班主任草根论坛等。

培训让班主任成了一群有管理智慧的"大主任"。他们能发现问题，思考解决之策。如，针对班级学生自信心较低、学习有畏难情绪，建立"六人互助合作学习小组"制度，利用合作学习的积极因素，营造班级良好的学习氛围。学生反馈说，自从班级组建了"六人互助合作学习小组"，全班的学习效率有了很大的提高——是质的飞跃。

培训更让班主任忘却了"主任"的身份，成了一个班级的"大家长"。他们发现早读认真的学生读上十来分钟就会"口干舌燥"，于是会提醒这些孩子停一停，喝口水；他们记得每个学生的生日，会在年三十给班里的每个孩子逐一打一通拜年电话；他们会陪生病的同学去医务室，陪作业写得慢的同学补作业……同学们说，离开白马湖，最难忘的就是咱们班的这位"老母亲"。

陶行知说："小孩子的体力与心理都需要适当的营养。有了适当的营养，才能发生高度的创造力，因而教育应当充满爱。"对于班主任而言，爱就是绝招。

二、兰心点亮，一体化育人

毛泽东同志曾说："主义譬如一面旗子，旗子立起来了，大家才有所指望，才知所趋赴。"培植信仰的力量，为共产主义事业奋斗终生，是伴随着少先队员向共青团员、共产党员成长的系统性、贯通性的"思想工程"，需要持续大力推进"一体化"育人。

白马湖学校以团委、学生会和少先队为示范，深入团队一体化育人实践，其核心内容为——

依据中学少先队与共青团工作现状，旨在以团队有效衔接为目标，将入团前的思想教育和实践引领与少先队时期的"雏鹰争章"相结合，以队员人手一本《兰心点亮计划》团队衔接手册为指引，通过"初一建队—积极争章—团校学习—社会实践—团校考核—再次争章—考察优秀—入团仪式"等流程，得以入团。

其中争章包含行为通则、仪式教育、讲座论坛、兴趣社团、主题节日、志愿服务、假期实践、中队活动、团队接轨等项目，须争满至少10枚章（至少7枚基础章、1枚特色章、1枚主题章、1枚兴趣章），获得白马湖学校独有的"兰心章"认证。学校实时监督《兰心点亮计划》的执行情况，设立争章评定标准，充分调动各部门和各科老师的参与，做到一活动一结算，中队委员做到一活动一督促，校大队部做到半学期一监管，校团委少先队做到一学期一汇总。

在学校团委、少先队的踏实落实下，白马湖学子有近30%积极加入共青团，近90%争章优秀，过程不易，考核从优，影响深远。学校被评为浙江省少先队改革示范点的创建单位、杭州市学校共青团改革首批示范学校、杭州市少先队改革试点单位、杭州市红领巾学院、滨江区先进团委等。相关课题《中学少先队与共青团有效衔接的路径创新研究——兰心点亮计划》被确立为杭州市学校共青团研究立项课题、杭州市少先队工作重点研究课题并结题。

党团队一体衔接，点亮兰心计划

"准备着，为共产主义事业而奋斗。"

"时刻准备着！"

恰同学少年，风华正茂。在实现共产主义的事业征程上，党是先锋队，团是突击队，队是预备队。初中阶段是团队衔接的重要时期，白马湖学校自建校就开始了团队一体衔接教育的探索。

还记得团队一体化"兰心点亮计划"成果的初次亮相，是在2016年4月27日。那天，白马湖学校在天马剧场举行了隆重的五四青年节活动暨入团动员大会。共青团浙江省委员会、杭州市教育局团工委、共青团滨江区委、滨江区教育局团工委各级领导出席了本次大会。大会从一幕情景剧开始。学校师生共同演绎了队员们的《初中一学期，雏鹰争章路》，争章历程，历历在目。

2015年8月31日的开校典礼，见证八方来援共育白马湖人，我们胸怀赤子情，高歌满怀永续文明；我们拥有赤子心，一腔热血皆为中华复兴。2015年9月3日的抗战阅兵式，队员们将口号化作行动，制作主题小报，走在大街小巷，普及国家现状，宣传我国发展成就，发扬爱国主义精神。经此，向日葵章和五星红旗章便正式争得。

每天的跑操中，响亮的口号、雄健的体魄让队员们夺得了健康章；队员之间互帮互助，积极传播正能量，将美德章收入囊中；听老师、家长讲述英雄们的光辉事迹，挖掘其中的意义分享给大家，传承老一辈的精神，争得接力章。

在G20峰会来临之际，队员们担起了东道主的责任，在寒假制作手抄报了解G20，设计漫画服务G20，创作推荐词宣传G20……不仅在寒暑假，双休日休息的队员们也纷纷戴上了小红帽，尽己所能，不计报酬，帮助他人。

红领巾换队徽，争向日葵章

发扬爱国主义精神，争得五星红旗章

帮老师，帮队员，争美德章

参加主题实践活动，争成长章

由此，争得了成长章与志愿章。

一枚特色章——尊师重道章，作揖拜师，呈帖致敬；一枚主题章——参加白马湖主题节日活动，在自导自演的一台台大戏中成长；一枚兴趣章——丰富多彩的社团活动让同学们以兴趣为动力，快乐学习。十枚奖章换得白马湖"兰心章"，白马湖学校第一批入团积极分子正式亮相，从少先队向共青团迈进。

时至今日，白马湖分别在浙江少先队线上平台和浙江省团校举办的多次专题培训班上开设讲座，分享争章体系。2019年4月18日下午，团中央对杭州市初中少先队工作调研活动在白马湖学校顺利开展，时任团中央少年部副部长张燕对"兰心点亮计划"给予了高度赞扬。

信仰路上，我们都只是点点微光，但汇聚起来，星星之火，足以燎原。

白马湖细节44

成长，是一条路

"经过全党全国各族人民持续奋斗，我们实现了第一个百年奋斗目标，在中华大地上全面建成了小康社会，历史性地解决了绝对贫困问题，正在意气风发地向着全面建成社会主义现代化强国的第二个百年奋斗目标迈进。"2021年7月1日，在庆祝中国共产党成立100周年大会上，习近平总书记代表党和人民庄严宣告，声音响彻寰宇，振奋人心。

迈向新征程，作为祖国的未来、民族的希望，青年学生们应该怎么做呢？

我曾经以一位老团员的身份向白马湖学校的少先队员们抛出了四问：为什么想入团？什么叫共青团？怎样才算有资格入团？入团以后如何坚守这个阵地？通过"点亮兰心计划"，队员们在争章中渐渐找到了答案，获得了信仰的力量。最终，他们以团员的身份交出了答卷。

成长是一条路

文/朱语轩

时间在逝去，我们在成长，大半年时间后，我们2015级第1期团员已然是"老团员"了。回想入校后从雏鹰争章，到成为入团积极分子；从进入团校学习，到从团校结业；从经历半年考察期，到最后正式入团，这对每一个从最初就开始努力的人来说，都是一种成长。

成长，是一条路。我们在这条路上风雨兼程，只为做更好的自己。

记得央视《朗读者》中的一期，世界小姐张梓琳朗读了一篇刘瑜写给她亲爱的小布谷的《愿你慢慢长大》。听完后，我很受启发。

成长路上，我们应该做一个有求知欲的人。我们应该对每一个不一样的瞬间产生好奇心，就好像"十万个为什么"，刨根问底，不因无知而羞于开口。

成长路上，我们应该做一个有同情心的人。对待每一个人，哪怕是花草、动物，都应为其痛苦而动容。这并不意味着一味地悲伤，我们应该尽力减少一切伤害。

成长路上，我们应该做一个有责任感的人。所有现在我们拥有的东西，大到钱财，小到琐物，都应该尽力呵护。同样，所有我们拥有的权利——生、死、爱、恨、自由、平等等，都同这些东西一样，既不是不劳而获，也不是一劳永逸。所有的一切，需要我们为之奋斗，去追求，去珍惜。

成长路上，我们应该做一个有勇气的人。勇于做万人之中的独一无二，无论何时何地，都可以从容地微笑阐述，仿佛指点江山。纵使顶着再大的压力，也要坚持说出"那个皇帝其实并没有穿什么新衣"。

成长路上，我们应该做一个有梦想的人，会为目标执着奔跑，一往无前。不会满足于一个狭小的空间，总向往着登上更大的舞台。

成长路上，我们应该做的事情太多太多。因为这是我们的青春，青春只有一次，青春就应该热血沸腾。

但我希望，我们对自己的要求，绝不仅仅停留在"应该"的美好幻想上。我们要从此刻起，做自己想成为的、优秀的人，不只是每天夸夸其谈，到头来却只是纸上谈兵。我们要关注当下，把每一个细节落到实处，使最后无论是侃侃而谈者，或是不出一言者，都能在人群中夺目。

或许，你们会说：喂，人无完人好吗，怎么可能做到十全十美？成长路上，我们应该做的事清单太长，对自己的寄望近乎一种苛刻。但与其说我们要努力拥有所有美好的品格，不如说我们希望能和身边的人相互勉励、互相帮助。记得上周开联合支部大会时，有许多准团员讲到"要像雷锋那样乐于助人"。虽说"向雷锋叔叔学习"这句口号已经喊了一遍又一遍，但细细想来，这种"赠人玫瑰"后的"手有余香"便是帮助他人最好的回馈——帮助他人即是帮助自己。

成长的路很长，容不得半点马虎。我们要跋山涉水，一步一个脚印，一点一点去到达一个一个目的地。成长的路很长，现在的我们肯定看不见人生的终点，但走得越远，就越有机会看到更美的景色。

成长，是一条路。愿我们每一个人都能在成长这条路上披荆斩棘，成为自己的英雄。

三、白马湖仪式，人人享舞台

仪式在人类生活中占据着非常重要的位置，仪式承载着深厚的文化与历史，更蕴含着丰富的德育功能。仪式教育活动因其庄严神圣的特征和思想政治引领与道德价值引领的丰富内涵，可以有效促进学生价值观的形成与行为养成。学校的教育是集体的、神圣的、规范的、有趣的，其文化一旦成熟稳定，就会拥有美妙优雅的仪式体系。

白马湖学校在完善课程设置的基础上，将课程育人、活动育人与实践育人三贯通，形成了一系列的"白马湖仪式"。从新生入学开始到学生毕业离校，三年的初中生活中，从习惯的养成、成长的历程、目标的达成三个梯度开展"白马湖仪式"教育。

依托传统节日或者重大活动，挖掘生活仪式教育意义的"节庆仪式"。 如"爱在白马湖"之教师节感恩仪式，中秋节赏月活动，建军节、国庆节的缅怀励志活动等。

立足学校教育教学生活全过程，营造教育氛围的"赋能仪式"。 如，"优雅白马湖"之"白马湖之礼"晨会，"魅力白马湖"之体育节开闭幕式，"军魂白马湖"之暑期军训阅兵式，"相伴白马湖"之百日誓师仪式，初三送考仪式和"争做优秀白马湖人"期中表彰大会等。

基于学校管理需要，形成价值认同和加强情感流动的"典礼仪式"。如，"印象白马湖"之首次家长见面会，"家长学校"开学仪式，"开放白马湖"之开校大典拜师仪式等。

各类仪式的设计，均针对学生核心素养中的"必备品格"和"关键能力"，围绕"培养具有国际视野、全球胜任力的现代中国人"的育人目标，坚持让学生唱主角，仪式各环节活动的实施切合学生的兴趣爱好和发展需要，家长和教师共担教育责任，学生享受共同的优质资源。仪式活动中，学生积极参与班级管理、学校管理，主动意识和领导力得到了充分提高，同时也增强了学生的道德自律和高度的责任感，促进了综合素质提升和个性发展。白马湖的学生均赞叹："白马湖的舞台很大，大到你不得不上台！"

仪式已成为学校师生社会化进程中的重要环节，在学生的教育过程中发挥着潜移默化的作用。相信白马湖的仪式教育是让学生终身难忘的。

白马湖细节45

仪式背后的教育意义

法国童话《小王子》中有这样一段对话——

"仪式是什么？"小王子问道。

"这也是一种早已被人忘却了的事。"狐狸说，"它就是使某一天与其他日子不同，使某一时刻与其他时刻不同。比如说，我的那些猎人就有一种仪式。他们每星期四都和村子里的姑娘们跳舞。于是，星期四就是一个美好的日子！我可以一直散步到葡萄园去。如果猎人们什么时候都跳舞，天天又全都一样，那么我也就没有假日了。"

那么，当我们的学生回忆起在白马湖学校度过的三年初中生活，哪一天、哪一刻是最闪亮、最与众不同的呢？或许是穿好礼服、系好领带，牵着爸爸妈妈的手，走上舞台、站在聚光灯下，被授予"白马勋章"的那一刻；或许是穿上正装，接受校长的邀约，与校长共进午餐、幸福碰杯，分享点滴进步的时刻……

或许，是初三"中考出征"仪式。学校充分以初三学生为主体，调动全校师生参与。仪式从学弟学妹夹道列队欢迎初三学子入场开始——"战士出征"的感觉油然而生。接着是初三的最后一次跑操，伴着嘹亮的呼号和一句句亲切的鼓励，孩子们跃"龙门"、踏"状元桥"，登冠山顶……出征仪式就是要在这样的环境和气氛下坚定地告诉学生：你能行！

白马湖出征仪式

或许，是初三的毕业典礼。在准备过程中师生积极主动地参与到节目的编排、环节的创设中，充分凝聚了班集体、年级集体情感。仪式开始，师生回顾用心度过的三年白马湖生活——有太多值得回忆的点点滴滴。通过同学缘、师生谊、父母恩、母校情、再聚首五项内容，给学生留下了终身难忘的印象，对学生思想、心理所产生的影响是深入、持久的，能让学生沐浴在人性的光辉里，拥有一个充满温情的美好回忆，达到"润物细无声"的特殊效果。

或许，是新"白马湖少年"走进校园的那一刻。一条鲜艳的红毯自校门口绵延铺至舞台，一批年轻而富有朝气的孩子打开了来自白马湖的邀请函。家长们松开了牵着孩子的手，在一旁等待。初来乍到的"小白马"们带着生涩和腼腆，来到长桌前。老师们微笑问候，款款写下一个个崭新的名字，领着新白马湖人穿过一本巨大的书，来到舞台中央，和白马湖的吉祥物——小梦——并肩站在了一起。那一天，我会对每一位新生鞠躬行礼，亲手递交写着他们名字的录取通知书。白马湖的身份认同，从那一刻开始。

仪式感是一种对生活认真、尊重、敬畏且热爱的态度。仪式感能为学习、生活带来更多的可能，这就是教育中比分数更重要的东西。就像"周虹名师导航站"成员章静静老师所言："学校教给孩子的不仅仅是知识，要求的也不仅仅是成绩，杭州二中白马湖学校初中部在办学中把仪式感作为极重要的一环，就是为了培养学生更好的学习内驱力、积极的生活态度。"

第二节　家校共育，全员健"心"

良好的心理素质是人的全面素质中的重要组成部分。心理健康教育是提高中小学生心理素质的教育，是实施素质教育的重要内容。中小学生正处在身心发展的重要时期，随着生理、心理的发育和发展，社会阅历的扩展及思维方式的变化，特别是面对社会竞争的压力，他们在学习、生活、人际交往、升学就业和自我意识等方面，会遇到各种各样的心理困惑或问题。教育部颁布的《中小学心理健康教育指导纲要（2012年修订）》（以下简称《纲要》）指出，"在中小学开展心理健康教育，是学生身心健康成长的需要，是全面推进素质教育的必然要求"[1]。

《纲要》明确了心理健康教育的总目标，是"提高全体学生的心理素质，充分开发他们的潜能，培养学生乐观、向上的心理品质，促进学生人格的健全发展"。在具体的实施中，要通过普及心理健康基本知识，树立师生心理健康意识，了解简单的心理调节方法，认识心理异常现象，以及初步掌握心理保健常识，其重点是"学会学习、人际交往、升学择业以及生活和社会适应等方面的常识"。特别要注意三个方面的支持。

——**学术性支持**。心理健康教育有其科学性和专业性，但中小学校心理健康教育又有别于心理健康学科教育和心理健康医学。实施系统的心理健康专题教育是学校心理健康教育的主导途径，此外，还要通过校园氛围营造、班主任工作等方面全方位渗透心理健康教育。因此，学校需要通过培训提高专、兼职心理健康教育教师的基本理论、专业知识和操作技能水平。

——**行政性支持**。心理健康教育与德育工作有密切的联系，但在组织实施过程中，既不能用德育工作来代替心理健康教育，也不能以心理健

---

[1] 《中小学心理健康教育指导纲要（2012年修订）》，http://www.moe.gov.cn/jyb_xxgk/gk_gbgg/moe_0/moe_8/moe_27/tnull_450.html。

康教育取代德育工作。因此，学校要加强心理健康教育工作的领导和管理，通过多种途径和方式，保证心理健康教育时间，建立相应的规章制度。

——协同性支持。心理健康教育也是一项育人工程，同样离不开家庭、社会的支持。学校要指导家长转变教子观念，了解和掌握心理健康教育的方法，注重自身良好心理素质的养成，营造家庭心理健康教育的环境，以家长的理想、追求、品格和行为影响孩子。

白马湖学校通过打造专业的心理育人团队体系、完善心理健康教育框架，建立全面渗透、多方联动的心理健康服务体系，实现全员、全程、全方位育人。

一、完善架构，搭建心理健康教育框架

2015年建校伊始，学校建立心理服务中心"舒心吧"，经过三次硬件升级，建设成9个富有生态特色的心理健康功能区，为全校师生提供温馨的心灵港湾，成功创建浙江省中小学心理健康示范站。学校以"舒心吧"为核心，完善架构，搭建了学校心理健康教育体系。

组织架构。由校长亲自担任心理健康教育领导小组组长，将校心理健康教育辅导站作为心理健康教育工作中枢，两位专职教师高配师资，各行政中心、各年级组长组织班主任分管落实，面向全校学生及家长，全面推进学校的心理健康教育工作。白马湖学校实现教师心理健康100%持证，实时更新新进教师的心理健康C证申报工作，截至目前，所有新进教师通过C证培训并完成申报。同时，以心理专家团队、班级心理委员和家长志愿者为心理健康工作保驾护航。

危机筛查。创立心理健康的"四测机制"。7月，新生入学时，进行心理普查，心理教师根据普查结果选择性家访；9月，全体学生进行《中学生心理健康量表》的测量，完善心理档案，对预警学生进行进一步筛查；次年3月，完成PHQ-9危机筛查，对预警学生进行个别访谈，及时干预。

数据建档。学生心理健康档案的建立为学校的教育教学、班主任管理及学生发展提供有力的数据支持。目前，我校正着手将现代科技和大数据分析运用于心理健康测评。

个案积累。不同于个案的简单延续性咨询，心理辅导站定期将个案

进行问题梳理与归类，寻找共性和个性点，提炼处理后形成典型案例，分享给班主任或家长。如，《她抑郁了吗——心理危机的鉴别》《别把您的焦虑情绪传递给孩子》《您的依恋禁锢了孩子的脚步》《家长是孩子的镜子——合理归因》等。

白马湖细节46

舒心乐园

白马湖学校的"舒心吧"，是让全校师生放松、舒心的地方。学校邀请国内专业团队，投资60余万元进行全面装修，建成了几个颇具特色的心理健康功能教室，并量身配置专业心理设备、器材。

心理辅导活动室是进行团体辅导、沙盘治疗、运动调适的地方。在这里开展团体训练、心理沙龙、心理测试、心理电影赏析、心理剧排演等，让人动心。

谈心室包含了个体咨询区与身心放松区。在这里，你将拥有专属的倾听者，在安全舒适的环境中，你可以诉说心中的困扰。

抒心室包含了家庭咨询区域和心理测评区域。引进"十五"规划教育部重点课题《学生心理健康教育评鉴系统研究》研究成果——中小学心理健康检测系统。该系统分设基本参数、基础档案、问卷管理、测评管理、心理管理5大功能模块，学生完成测试作业后可自动生成测试报告，包括总体分析、结果解释、发展建议等，由此可了解学生心理健康状况，建立学生心理档案，有针对性地开展心理辅导活动。

放心室是个神奇的地方。在这里，你可以尽情地释放自己的情绪，通过呐喊、击打沙包等方式将积压在心中的不快及时释放出来。

阅心室为同学、老师提供了各类心理书籍。在茶余饭后，约上三两个好友，享受片刻的宁静。

舒心吧一隅

二、着眼细小，营造心理健康服务氛围

白马湖学校以《我的小确幸》学生心理服务手册为载体，融合搭建学生成长的课程网络、记录生活幸福时光、拓展心理健康知识、提供校内外心理健康服务等多功能为一体，丰富心理课堂主阵地，提升心理服务效率。学校开创了两个特色制度，分别是《绿萝计划·班级心理委员工作制度》和《学生成长导师制度》。

心理委员绿萝计划。这一计划在加强班校沟通、完善学校心理辅导工作体系、强化心理危机早期干预等方面发挥了重要作用。绿萝是装点生活而又生命力顽强的绿植的代表，它有着坚韧善良的品质，恰如心理委员所扮演的角色——做到心理动态时时关注，心理情况每周记录，隔周参与培训。学生心理委员队伍的建设，拓宽了心理健康教育渠道，同时也开辟了学生自我教育、自我发展的新舞台。

学生成长导师制度。成长导师是教师和学生之间的双向选择，每位导师带10人以下的学生，固定每周一的中午时分，学生到导师处交流日常生活、学习和心理动态，谈谈心、聊聊天，及时调节情绪，缓解心中的烦恼。学生成长导师制度的开展能更加及时、准确地掌握学生的心理动态，识别、觉察可能发生的心理问题倾向。发现每个学生的优势和差异，创设每个学生表达自己想法的机会，看到学生的努力和改变，及时鼓励孩子保持坚持、互助的心理品质，让每个孩子体验到成就感。

白马湖细节47

有我在，陪你一起成长

在白马湖，我们一直有这样一个梦想：希望除了划分行政班级之外，除了班主任管理制度之外，还有这样一个制度——可以打破每个小伙伴之间的边界，打破师生间的距离，让这个大家庭里的每一个伙伴间都有机会产生碰撞与链接。

十一二岁孩子的成长，确实是需要成年人的稳定陪伴的。在这个制度里，老师们不是监督者，也不是管理者。

他是被孩子所信任的，能在孩子有需要的时候站在他那一边；

他可以很好地倾听，也能给出有力的支援、清晰的分析；

他富有同理心，能与孩子们"同仇敌忾"；

他乐观且富有智慧，总能给出恰到好处的鼓励……

于是，就有了白马湖的成长导师制度。

作为成长导师，他们说——

"作为成长导师，我最常做的事情，就是鼓励他们遇到问题要勇于尝试，在实践中不断调整和迭代。"

"抉择的时候内心一定是痛苦和摇摆的，但是坚持下来之后，你就可以感受到合理规划的好处。"

"我想要带给你更加包容的引导和陪伴，由自身出发，拥有更加深刻的成长与转变。"

"我可以做的，就是用一种彼此都认同的方式让孩子们多一些角度看世界，多一些方式去摸索成长，在他们迷茫的时候能够给予一些'过来人'的看法和意见供他们选择。"

……

关于成长导师，孩子们说——

"我的成长导师，是教科学的胡老师。她在我的印象里，一直是一个非常和蔼且负责的老师，是她让我喜欢上了科学。其实我的科学成绩一开始并没到平均线。胡老师一次又一次地辅导我、和我谈心，让我对科学渐渐有了兴趣，有的时候，我们在办公室也能探讨上半个小时。从某种意义上，我和胡老师不仅是师生，更成了一对交心的朋友，他教我做人，做事，伴我一路成长。"

"我的成长导师，是'老骆'。从听了他给我们上的第一节课起，我就喜欢上了他的课堂——实在是太有趣了！与其说我是因为语文而喜欢上了骆老师，不如说我是因为骆老师而喜欢上语文。他真的像邻家哥哥一样，时常在遇见时打个招呼，甚至过来攀谈两句。所以，在我们的圈子里，就有了'老骆'这样的'爱称'。我为什么会选择骆老师做我的成长导师呢？因为最近的戏剧节里，手绘道具让我们叫苦连天。骆老师手把手地教我们画，原来他还是个隐藏的'美术生'啊！说了这么多，说到底，就是因为骆老师的为人和幽默风格。"

……

每一个人都是多面而独特的，没有任何的规律与标签可以直接限定住一个人。成长导师的工作也是如此，没有任何的流程与指南可以涵盖其工作内容。但是我们都聚集在一起，陪伴孩子们一起成长——这也是我们作为成长导师能做的最有价值的事情。

三、全面渗透，浸润开展校园心理服务

白马湖学校以积极心理学的三个层次为基础，着力于提升学生的幸福感知能力。开展"舒心"心理周、心理戏剧节剧、挫折主题心理团辅等活动增强学生的积极体验；借助"5·25"心理节系列活动、乐观者联盟学社拓展课程、心理成长营、艺术心理疗愈等形式培养学生积极品质。同时，针对不同学段学生的身心发展需要，开展相关主题活动。

初一年级：成长问·我来答。为了帮助小学六年级的孩子更好地从生理和心理层面适应初中的生活，帮助七年级学生感悟成长，我们通过朋辈互助——六年级学生提问、初一年级的学长学姐们尝试解答心理困惑的形式，开展了"小蝴蝶破茧计划—成长Q&A"，本次活动给了七年级的学生一个机会，尝试以过来人的角色解答问题，在帮助别人的过程中获得成长。

初二年级：剧暖心·话亲子。初二年级开展了2021年戏剧节活动，围绕"亲子之间"的话题，以班级为单位，学生自编、自导、自演，将自己在亲子相处中的心理冲突、烦恼与困惑编成小剧本，将"大道理"用心理剧的形式表现出来。同学们在舞台上勇敢地讲述青春的故事，以行动体验生命，将心理冲突和情绪问题呈现在舞台上，唤回自己在亲子冲突发生时的强烈情感与真实感受。在还原亲子互动的过程中，完成自我的成长与疗愈。

初三年级：可乘风·可破浪。"你知道学霸为什么是学霸吗？""为什么越临近大考，我的心态就越烦躁呢？""我真的可以考到那个梦想之校吗？"……中考临近之际，初三学子的考前心理调适，在白马湖如期而至。"百日誓师""中考出征"——我们将心理学浸润在学生的日常活动中，以积极暗示促进学生的心态调整。

白马湖细节48

全市第一：BMH心理剧2.0《雪球计划》

绿萝计划·心理委员培训

放飞心灵心理周

5·25心理节

初三心理成长营

我的小确幸幸福日历

心理主题班会

2021年11月20日，白马湖学校心理剧《雪球计划》在杭州市中学生校园心理剧大赛中，荣获杭州市心理剧大赛一等奖第一名。

在现场表演中，《雪球计划》完整地呈现了解构、探索、建构、转换与和解的心理发生发展过程。不管是作品的表演、语言逻辑、心理逻辑，还是舞台的彰显、节奏都很到位。整部剧调度巧妙、形式新颖，一气呵成。

节目包含个人角度和群体视角，角色间的互动碰撞出精彩的火花，受到现场观众的连连称赞，在活动现场，专家点评给予了"舞台的每个角度都是完美的"的高度评价。

白马湖学校拥有良好的心理戏剧排演经验，2018年，学校心理剧作品《家庭数据》曾获杭州市艺术节一等奖、浙江省艺术节二等奖，荣获2019年杭州市中学生心理类社团校园心理剧最佳编剧奖和最佳指导奖。

2021年4月，学校特别针对初二年级同学的亲子现象，举行戏剧节（亲子专场）评比活动。同学们用自己的原创故事，将心理冲突和情绪问题呈现在舞台上，表达自己在亲子冲突发生时的强烈情感与真实感受，同时通过表演的方式理解着成人的内心世界，在还原亲子互动过程中，尝试完成自我的疗愈，每个人都得到了成长，心理育人效果显著。

校园心理剧的编排，给了学生自我展现的舞台，也是我校心育的重要途径，以学生现实生活为蓝本，借助舞台来呈现学生各种典型的心理现象，帮助参演学生和观众更好地看待现象背后的矛盾并找寻解决的方法。

白马湖学校心理辅导站通过心理健康工作的常态化、渗透化、融合化，充分利用好优质资源，扎实推进心理健康教育工作，让每一个白马湖人成为更优秀的自己。

四、多方联动，延伸心理健康服务领域

白马湖学校基于初中生的心理发展阶段性特征，特别重视青春期教育工作，在鼓励和引导各学科教师参与到青春期教育工作中的同时，更注重协助提升家庭的教育共情能力。课题《初中生亲子冲突的影响因素及其解决路径的实践研究——基于话语分析的视角》获2021年杭州市教育科研美好教育专项课题立项。

心理知识小讲座

学校还进一步将"成长教育"理念融入家长培训，通过家长学校、家长委员会多途径提升家长对学生心理健康教育的指导能力。同时，充分调动家长积极性，利用家长间的资源，将有良好心理健康教育意识与能力的家长纳入团队核心中，发挥家长教育功能，通过家校合作促进学术支持的融通。

心理主题晨会

教师心理健康直接影响学校办学质量，并对学生心理健康具有深远影响。"教职工心理关怀项目"通过教师心理团体小组、教师成长沙盘、教师心理咨询服务等形式，帮助教职工提升生活幸福感与教育力，从而形成心理成长共同体。

家长学校

白马湖细节49

安心，更有教育力

教师心理健康状况与学生茁壮成长是相互促进、相互制约、相辅相成的。让教师心无旁骛，轻装上阵，才能为教育撑起一方晴空。关怀教师，给教师注入"心"能量，白马湖学校一直在路上。

给教师一个安心的职业环境。一个公平公开、民主高效的工作环境，才能保障每一位教师的专业成长。白马湖学校的工作风格，讲究"把事情做到前头"。学校工作安排，有学期行事历、每周行事历；每项重大工作都有预案，有序到位。同时，全方位为教师的专业幸福

一杯咖啡，校长祝老师们节日快乐

成长搭台子、铺路子。

安心，还要有家一样的温暖，有家一样的归属感。学校工会每学期定期组织美丽办公室评比活动，学校后勤服务中心每学期为每个办公室增购绿植美化办公环境。同时，设有育婴室、舒心吧、咖啡吧和阅读室，温馨、舒适的活动空间让教师们真正感受到"家一样的感觉"。爱心托管，为教师子女提供集中课后辅导；教室宿舍，让年轻单身教师住得舒心；教师食堂，每月定额餐补，三餐无忧；微心愿卡，关注教师实际需求。

安心，更要让全体教师"健心"。请青年团员教师看话剧；建立教师运动俱乐部，教师流汗，学校买单；设专项经费，邀请专业心理机构为教师提供心理关怀服务，包含教师心理沙盘成长小组、教师心理咨询、大脑SPA、精益睡眠等，丰富的文体活动为教师们的好心情保驾护航。

有鲜活的教师，才能培育出鲜活的学生。有了美好心情，才能带来美好教育，才能创造美好生活。

·本章小结·

　　作为学校教育，办好人民满意的教育，意味着我们的教育要培育青少年学生健康的人格、美好的心灵，让学生拥有终身学习和成长所需的知识和能力；意味着学生走出校门时，能够树立或更加接近自己的理想，能够担当时代赋予的使命和责任。白马湖学校看见"每个鲜活的生命"，以德育培根铸魂，以心育明心见性，将细小的事情做到极致，本土化地开创独属于白马湖的"教育生态"，培养具有"白马湖气质"的"优·秀"学子。

　　我们希望当孩子们回忆起初中生涯的时候，白马湖学校带给他们的是一段积极向上的、充满正能量的时光。在那段时光里，我们彼此信任、共同成长，一起遇见更优秀的自己。

第五章

引领诗意成长

——写给白马湖人的N封家书

"优"则怡然自得，"秀"则坚实而美。白马湖学校秉承着"实践难忘教育，实现教育难忘"的信念，以成长"关键节点"的讲话引领及活动教育为特色，开展白马湖式的"优秀"的"人"的教育。

第一节　常态化成长：做这样的白马湖人

白马湖的优秀在于白马湖人，那么白马湖人应该具有怎样的特质呢？历年来，我们从初中生的身心特点出发，以成长"关键节点"的讲话引领及活动教育为特色，依时、依序给出了白马湖学子的"优秀基因"关键词：

如"满怀希望""保持奋斗""践行梦想""热爱智慧""独立思考"等精神文化基因；

如"善于反思""纪律严明""果敢好奇""敏而好学""健康第一"等自主发展基因；

如"承担责任""接纳差异""适应挑战""乐享生活"等社会参与基因……

这些基因是白马湖的育人目标，也是伴随白马湖学子一生的优秀标志，让白马湖的孩子独能如麟驹，脚踏实地，精益求精；群能如腾马，一马当先，天马行空。

"开学第一讲"系列

做一个包容的白马湖人

2016年9月

记得在初一领取录取通知书的仪式上，我提出做一个智慧的白马湖人；在新生、家长见面会上，我提出做一个优秀的白马湖人；在新生军训的闭营仪式上，我提出做一个坚强的白马湖人；今天我想送给同学们的是"做一个包容的白马湖人"。

从G20看包容

伴随着G20杭州峰会的举行，杭州，这座千年古城，以其开放与包容的精神折服了整个世界。G20聚集了20国领导人，精英云集，为世界经济把脉。今天，我们天马剧场聚集了白马湖的未来精英，我们将是"具有中国灵魂、世界情怀的人才"，我们要为未来添彩。

"海阔凭鱼跃，天高任鸟飞"，你们才是白马湖的主人翁。人们经常说："海纳百川，有容乃大。"还有一句话："比大海更广阔的是人的胸怀。"

包容，是一种胸怀。白马湖人应具有"包举宇内，囊括四海"的气度与胸怀。在初一年级的新生军训中，我看到了我们白马湖人的包容——责任、毅力、协作、勇气、果敢、专注。

从"军魂白马湖"看包容

今年夏天，杭城迎来了几十年不遇的炎热，军训那几天则是盛夏中持续高温的几天。那几天，里约奥运会上奥运健儿们为了金牌奋勇拼搏；那几天，我们的初一同学在大龙坞的山脚下磨砺意志，释放着洪荒之力。我们不惧压力、不惧泥泞，我们信任同伴、彼此帮助。我们全力投入、勇于付出、敢于承担。

军训让我们在心理和解决问题的能力上面对种种挑战。通过对心理及生理的突破，我们获得全新的感受和感悟。军训的历练、军魂的熏染，将让我们的"白马湖兵"有责任、有担当，敢于为荣誉而战！

我为同学们感到由衷的骄傲与自豪，在大家身上，我看到了"白马湖兵"的自信与尊严。我期待你们在马上开始的校园吉尼斯上再传捷报，刷新自己的纪录。

包容是一种智慧

包容是一种智慧，是一种以博大的胸怀为基础的智慧。包容的人能得到别人的尊重和帮助，包容的人会因为谦和的姿态避免成为别人的攻击目标，包容的人有着更加和谐的人际关系，从而使自己的工作、事业、生活顺风顺水。

包容让我们的心中充满爱，让我们懂得克制而不苛求。在人生中懂得包容，即便身处逆境，也能绝处逢生。只有懂得包容，你才能更好地与他人交流，与他人合作。

书写"白马湖式"包容

走进白马湖，走进一片新的天地。初二的同学们，还记得去年的这些天吗？我们一起开启了白马湖的圆梦之旅。我们希望自己是一个优秀人、一个高贵的人、一个智慧的人。我们在体育节挑战超越，我们在课堂节上展示才华，我们在校园歌手大赛上看到不一样的自己，我们还在"20国"集市上体验异域风情。我们走进白马湖，增长知识与才能；我们走进社区，奉献我们的爱与热情。我们玩转我们的学习与生活。一次次赢得表彰，一次次获得高度评价，一次次地惊艳滨江甚至杭城。

"平常一样窗前月，才有梅花便不同。"能够包容别人的不一样，能够包容自己的暂时不完美，平心静气地描绘属于自己的画卷。那份坦然、那份自在，才是活出了真正的人生。心胸有多大，事业就有多大；包容有多少，拥有就有多少。今天我们初二的同学们拥有的，正是我们自己一直包容的。

"水至清则无鱼，人至察则无徒。"万物都有其不足的一面，我们为何不以一颗火热的包容之心，体察它们的另一面呢？成功要经过三水：冷水、汗水、泪水。冷水是别人泼的，汗水是自己流的，泪水是不被理解流的。

今天，我们即将在这里举行我们的首届"生活技能节"暨校园吉尼斯大赛。白马湖人会学习、会生活，白马湖人有冲劲、有干劲。今天的这次盛会，是我们初一、初二同学的第一次正式见面，也是我们彼此的第一次合作。我期待着你们在这方舞台上精诚合作，超越自己，创造我们白马湖范儿的吉尼斯。

习近平主席在G20杭州峰会的演讲，引用了一段非常经典的话："以金相交，金耗则忘；以利相交，利尽则散；以势相交，势败则倾；以权相交，权失则弃；以情相交，情断则伤；唯以心相交，方能成其久远。"

我相信，包容之心，可以让我们白马湖人心手相牵、心意相通、心有灵犀。做一个包容的人，能让我们更智慧、更优秀、更坚强、更高贵！

做一个内心丰富的白马湖人

2017年2月

一年复一年。今天是我们白马湖第二届课堂节，以后还会有第三届、第四届……第十届……第二十届……在白马湖，课堂成为一个节日。节日的喜庆、欢乐，我们能以课堂的形式呈现，这是我们白马湖人的智慧与优秀；课堂的严谨、细致，我们能以过节的心态面对，这是我们白马湖人的大度与从容。

从2015年因爱相聚，到2017年一起前行。我总在思考：我们白马湖的孩子走出校园将是怎样的模样，我们白马湖人应该是怎样的人。在这个假期里，我的朋友圈仍是被白马湖刷屏：我们的孩子走上街头为清洁工送温暖，我们的孩子走进福利院为孤独的老人、孩子送祝福，我们的孩子走进博物馆为游客们送方便，我们的孩子探访老红军，我们的孩子传承我们的"年"文化，我们的孩子还回到学校为寒假坚守岗位的学校保安送爱心便当……我还看到了老师们分享的"温暖白马湖"的教学故事、家长们发自肺腑的"我心中的白马湖"。

化用一下时下热播的《三生三世十里桃花》，孩子们，我想说，春风十里不如你，白马湖的美丽温暖岂止十里桃花，白马湖的美丽故事三生三世也说不完。孩子们，你们给了我一个丰富的寒假生活。我也希望我们白马湖人是内心丰富的人。

"丰"的甲骨文字形，上面像一器物盛有玉形，下面是"豆"，故"丰"本表示盛有贵重物品的礼器盛满的样子。《说文》中说："豊，行礼之器也。"《仪礼·公食大夫礼》"饮酒实于觯（zhì），加于丰。""丰"代表着庄严、美好。

"富"从字形上理解：宝盖头寓意家，家庭；一横寓意安稳，稳定；口字则表示人员；田字则表示田地，田地象征着食物，食物就是财产。起初"富"的含义是表示家庭稳定、人丁兴旺和田地广阔。用今天的话说，即有房、有车、有家业。《易经》中说："富家大吉，禄位昌盛也。"李渔在《闲情偶寄·声容部·治服》中说："谓一朝发迹，男可翩翩裘马，妇则楚楚衣裳。"可见，"富"还有高品位、高品质之意。

我们可以说，内心丰富就是一个人拥有一个丰富的精神领域，他知道何为庄严、何为品质，并且能够拥有它们。内心丰富的人既不害怕独处，也不害怕人群，因为他们可以在独处时心中展开大千世界，也可以在人群中保持一份恬淡清寂。

内心丰富的人一定拥有丰富的情感，拥有生命的热情和生活的激情，这些让我们的圆梦之旅变得精彩而有趣。《了不起的菲丽西》中的孤儿菲丽西凭着对芭蕾舞的满腔热情和钟爱，逐梦巴黎，最终以"热爱"胜出，在梦想的舞台——登台表演《胡桃夹子》。老师梅拉特问两位竞争者：你们为什么跳舞？菲丽西两眼放光地回答"热爱"，而舞蹈基本功与动作无可挑剔的富家女卡米耶思考许久，低声说"我妈妈叫我学的"。还有瘸腿的清洁工奥黛特连扫地、拖地都显示出舞者的优雅，令人叹服。这部影评9.3的法国动画耗费7年时间，这难道不是用热情与热爱打造出的精品吗？

一个内心丰富的人应该是一个热爱生活的人，能够在生活中随时发现一份美好与感动，对大自然的馈赠有独到的见解，能够在一般人看来微不足道的存在中，用自己独特的眼光看到其中的美好。就比如在一场大雨之后，我们对蜗牛的出现都习以为常，而他们却能够俯下身来，观察它们，用一种孩童般的好奇心来珍惜、爱护它们。

前两天，《感动中国》中有这样一段让我心生感慨的颁奖词："嗅每一片落叶的味道，对世界保持着孩童般的好奇。只是和科学纠缠，保持与名利的距离。站在世界的最前排，和宇宙对话，以先贤的名义，做前无古人的事业。"他就是46岁的功勋科学家潘建伟，他是量子通信项目的首席科学家。该项目将在世界上首次实现卫星和地面之间的量子通信。这将是跨度最大、史上最安全的通信网络。我相信我们当中也会有这样的人。

一个内心丰富的人应该是一个喜欢阅读的人，他们在书中发现另一个世界，在知识的海洋里去探寻另一种精彩。通过读书，他们不仅开阔了视野，看到了一个更大的世界，同时也学会在这个浩瀚的海洋中去寻求自己所想要的答案。他们的日子总是过得精彩万分，在他们的世界里永远没有"无聊"两个字，因为即使在孤单的时候，他们也能够为自己找到一种生活方式——博览群书，让精神营养源源不断地流淌在自己的精神家园，以打造强大的内心世界，抵御外界的风寒，抵挡外界的各种诱惑。

一个内心丰富的人应该是能够在快乐的时候，记得与人分享，在悲伤的时候也只是对自己的痛苦轻描淡写，甚至是以自嘲的方式来描述自己的不愉快。在他们的世界里，没有什么难以承受的痛苦，有的只是暂时的不愉悦。等过了那个点，一切又都恢复了正常。因为他们明白这个道理：无论怎样痛苦，都没必要诉之于人，别人无法对你的悲伤感同身受，而这一切都要靠自己去调节，收起悲伤、吸取教训，重新开始生活，过好当下，不辜负此刻的自己，不让此刻的自己成为过去所受痛苦的替罪羔羊和无期限的怨恨之源。

一个内心丰富的人，将使自己得到真正的自由。愿我们以丰满之翼，得以天马行空；愿我们以丰富之心，得以诗意栖居；愿我们以洪荒之力，开垦自己的富足之地！

做一个理性的白马湖人

2017年8月

图功易，成功难；成功易，守功难；守功易，终功难。在志得意满之时，我们更应谨于言而慎于行，时常反省自身，做一个理性的白马湖人。

这个暑假，我们杭州二中白马湖学校初中部一不小心成了网红。

新西兰游学团41名成员得到了友好学校——梅西中学、汉德森初级中学师生的高度评价，部分学生令寄宿家庭夸赞不已。

暑期社会实践，全校学生积极参与"喜迎十九大"和"助力美丽杭州建设"两大主题活动，参与人数100%。其中，初二（1）战马中队的"跟着河长去巡河"活动获得了滨江区副区长（小砾山输水河河长）万爱民、滨江区团区委副书记梁芳霞、滨江区河道监管中心主任杨寿国等相关部门负责人的一致好评。梁书记评价说："队员们提问副区长，准备充分，敢想敢做，收效很好。"

借"战狼"东风，我校初中部例行第三年的"军魂白马湖"课程响彻杭城。都市快报出品的"杭州新闻"15小时全程跟拍，"新浪新闻""北京时间""网易""腾讯""天天快报""头条号""百家号"等各大直播平台同步直播，总观看量超120万，评论区一片叫好声。

成绩就更不用说，滨江区统测第一，已经成为我们的常态。

面对这一切，我们高兴吗？毋庸置疑。我们对未来充满干劲吗？毋庸置疑。从今天起，我们的校园里，初中部一共3个年级，20个班。如果我们是一支队伍，我们的编制已然齐全了。我们将迎来白马湖人的第一次中考，白马湖人将陆陆续续地进入高一级的学府，我们白马湖人将要直面这个精彩而复杂的世界。我们身在国际滨，我们是否具备了民族魂、中国心、世界眼、国际范？

然而，在今天，我认为，我们更需要的是"做一个理性的白马湖人"。

《说文解字》中，理，治玉也。从玉里声。君子如玉，墨玉无痕。理性（英语：reason）最早源起于希腊语词语"逻各斯"。在罗马时代，译成拉丁语：ratio，原意是计算金钱，即衡量的标准。最后形成了理性（英语：rationality）与理智（英语：reason）的字根。真理的本性即为"理性"。真实的道理就叫真性，真理源于自有永有的创造者。人对真理的探究结果产生理性。

我们需要明白，白马湖人真实的现状是怎样的。需要在一片赞誉声中，清醒地看到自己真实的模样；需要在一个新的起点，清醒地给自己定下一个需要首先完成的小目标。

在暑期的第一件大事——新西兰游学中，公开的消息中称赞我们学校的老师管理精细、负责，我们的孩子热情主动、有礼有节、大方得体，优于国内其他游学生，甚至会说：果然是杭二的初中！

冷静下来，却闪过几个小片段。

游学期间，对方学校下午3点放学，这段时间大部分当地学生是选择户外活动或者结伴游玩，我们的孩子多是拿出手机，探讨游戏。甚至有寄宿家庭抗议我们的孩子教他们的孩子玩了太久的游戏。在机场，我们的孩子不是先整理好自己的行李，而是找Wi-Fi、找充电器。有三位家长很理性，两位没有给孩子带手机，一位给孩子配的是只具备通话和短信功能的老人机。这几位孩子的游学之旅，有了更多的时间让眼睛空出来看风景。

毕业典礼时，两校联欢会。我们事先准备了丰富的节目，甚至利用间隙排练过多次。前一天，对方学校告诉我们：必须在3点之前结束活动，这是规则，只接受集体节目。这就意味着我们的节目需要删减。同学们选择了合并节目，个人节目只能拿下了，除了中国特色的乐器表演外，老师争取到2分钟——这2分钟从其他节目里省出来。这一个正常的举动，却引发了学生的情绪和有些家长的不满。原话："我节目中的这句话很重要，绝对不可以减的。""我孩子的钢琴准备了很久，为什么不让他上台，你们怎么安排的！难道老师不可以要求他们学校提供钢琴吗？"……

家长给孩子配备智能手机，家长为孩子争取展示机会，这在人情之中。但这样的行为理性吗？我们的孩子自我管理能力具备了吗？我们的孩子有规则意识和团队意识吗？在这个世界上、在这个社会中，父母能够一辈子为孩子打抱不平吗？

这是一个彰显甚至弘扬个性的社会，可这并非某一个人、某一家人的社会。不论是在国内还是国外，你的孩子可能是你的全部，但只是别人的路人甲，别人可能会对你友好，但没有义务给你厚待。我们要培养的是适应社会的人，我们应该受得起优待，也经得住忽略。

由这个话题引开去，没有谁对你的好是天经地义的。我们在座的父母，是否被"孩子是自己的好"给遮住了双眼？我们能承受得住"巨婴国国民"的称号吗？

我们的家长时常说这样一句话：老师，你帮我说一说——他不听我的，他听老师的，他在家都不怎么理我。

理性的家长，是否看出了问题？我们的有些老师马上将此事揽了过去，内心充满了被信任的骄傲。请注意：没有尽到自己的责任是失职；主动承担不是自己的责任，是好心办坏事。我们老师也需要理性，需要明确自己的职责边界。

亲子沟通出现阻碍，是谁的责任？争取机会，是谁该有的能力？感恩父母，是谁的义务？

家长们肯定会说：他还是孩子，孩子不会，才要老师教嘛。请记住，父母是孩子的第一任老师，家教是无可替代的教育。

游学最后一天，演出结束时，我们有几位同学主动留下来和对方学校值日班孩子一起收拾会场。现场没有一个老师，因为老师的下班时间到了，因为这是学生的会场。这几位学生得到了好多个大拇指，因为这是第一次有中国孩子留下来参与到会场的整理中。这个夸赞，讽刺吗？表扬的话语，我们的孩子、家长、老师似乎都听得太多，因为现在提倡鼓励教育。泛化的鼓励，让不少孩子迷失，以为自己真的优秀得无以复加。如果人人都是卓越的，那么"平凡"这个词为什么还存在？

我认为，我们还应听得仔细一些、看得长远一些。教育国际化，走向国际的白马湖人，我们有没有差距，我们的比较方是谁？说我们比上海某学校的孩子好、比宁波某地的好。我希望我们的孩子走出国门，除了比其他学校好外，还应该比日本的有秩序，比韩国的有礼貌，比德国的关注细节。

再说到这次军训，学校的安排可以说是360度无死角：初一年级全体老师、综合组全体老师、全部行政人员、两名校医随队参训。军训基地安排的项目内容和强度，均经过科学的论证，是孩子们能够承受的强度。

说两件小事——

攀狼王峰。家长们在微信和直播里都看了：有的孩子要在下面当基石，有的孩子要在上面拉——拯救战友。这个项目体现的是团队合作、牺牲、奉献。家长们有的可能看得热泪盈眶，也可能还有"凭什么我的孩子要当基石"的埋怨。不要奇怪我为什么这么说，因为有些孩子的表现证实了我理性的推断。教官严肃地指出我们的老师做了本该孩子做的事情：有几个基石是老师，在峰顶拉人的主力是体育老师和班主任、副班主任，甚至后来女老师都上场了。有些孩子只愿意做那个被拉上来的人，早忘记了自己是踩着同伴大腿和肩膀上来的。如果是真的战场，各位家长，这可怕吗？

毛主席说："世界是你们的，也是我们的，但是归根结底是你们的。"注意这里的"你们""我们"，都不是某一个个体。

军训的最后一次拓展训练"狼王突击"。到晚上11点半，从训练场到宿舍的路有路灯，但不是很亮。老师们主动列队，用自己的手机为孩子们照明。当时，有老师很煽情地说："老师总有办法为孩子们照亮前行的路，宝贝们大胆地往前走。"也有家长或真或假地说："白马湖的老师负责，我的孩子交给你们，我放心。"我平静下来，理性地看这件事：老师们把学生送回宿舍，班主任、宿管老师一一过来看，叮嘱学生早点休息。学生要么自顾自地做事，要么回一声"嗯"。家长们，你们放心吗？我不放心！没有一句"谢谢"，连客套话都没有一句。因为平时生活中的好和被照顾，学生认为太理所当然了。父母理所当然要为子女牺牲，老师理所当然要为孩子鞠躬尽瘁甚至死而后已。有些家长甚至说："我的孩子长这么大，我从来没有打过，大声说话都没有过。"今天你的舍不得，明天可能会换来更响亮的两个巴掌——一个叫社会，一个叫别人。

在新生家长见面会上，我们都诵读过、聆听过《做一个优秀的白马湖人》。我认为，一个优秀的人，应该先是一个理性看待自己、理性规划自己的人，是一个能够去粗取精、去伪存真、由此及彼、由表及里地整理和优化自己的人。所以，我希望我们的家长、学生、老师，做一个理性的白马湖人。

做一个奋斗的白马湖人

2018年3月

各位同学，如果现在让大家用一到两个关键词概括一下自己的寒假生活，这一两个词语会是什么？还记得期末休业式后我们对于自己寒假的规划吗？

《经典咏流传》第一期，王俊凯唱响了《明日歌》。央视这一良心之作温暖了我的一个假期。

对古人来说，明日就是未来；而对于今天的我们来说，寒假已过，未来已来。新的学期，我们准备如何度过；这一个又一个的明天，我们想要怎样度过？

2018，已经只剩下10个月不到的时间。这个学期，余额已经不足4个月。初一的同学要晋级为学长、学姐，初二的同学将要面临分秒必争的初三生活，初三的同学要利用不足100天的初中时光为自己拼一个无憾无悔的未来三年。

我们只能持续奋斗，做一个奋斗的白马湖人。

那些尚未实现的梦想，那些还没到达的远方，都在等待我们开拔。也许生活尚有不如意，也许前路仍然有风雨，但是，为了梦想而奋斗，永远不会嫌太迟！

我们来看看"奋"的不同字体——

1.鸟张开并振动翅膀：如奋飞，奋翅等。

2.振作，鼓劲，振动：如奋起，奋力，奋勇，奋不顾身，振奋，勤奋，兴奋等。

3.提起，举起：如奋臂，奋袂（举袖，形容奋发的样子），奋笔疾书等。

如果我把它分解开来，是否可以理解为：大力地飞，大力地与风浪搏击，方能有自己的一方田园、一方天地。

未来已打开，可爱的小孩，你是拼图中不可缺少的

金文

奋

小篆

奮

隶书

奮

楷书（繁）

一块。名不见经传的《苔》"白日不到处，青春恰自来。苔花如米小，也学牡丹开"随着支教老师梁俊和学生的传唱，大放光彩。旋律很优美，但总觉得袁枚诗里的苔，自卑得有一种令人同情的无奈。今反其意，试改之：白日非到处，青春各自来。苔花如米小，不学牡丹开。

因为我有我的精彩。我有我奋斗绽放的独一无二的美丽——我们是白马湖畔的孩子，我们有我们不一样的美丽。

习大大说：时代是出卷人，我们是答卷人。《明日歌》的伴舞，已经变成了清一色的萌萌哒机器人。

我的寒假从《经典咏流传》的厚重温暖起，以《红海行动》的燃情沸腾而止。

这两天，在推特上有一张照片引起热烈地讨论。照片上的小女孩，看到摄影师举起长长的镜头对准她，以为那是一把枪，于是，她熟练地举起双手，示意投降。此刻她抿着嘴，睁着惊恐的大眼睛，身后一片荒凉。

《红海行动》的武器装备从中国海军导弹护卫舰、临沂号导弹护卫舰到欧系装备、国产直升机、狙击步枪、自动步枪再到翼装飞行服，已经完全称得上上天入地、跨海腾云。勇者无惧、强者无敌让《红海行动》终杀出重围，获得票房、口碑双丰收。

也门撤侨现场，中国海军牵着一个小妹妹准备登上归国的军舰。中国小女孩和那个叙利亚小女孩差不多的年纪，一样可爱，也一样经历了战火的煎熬。但不同的是，面对军人，中国小女孩一脸幸福，无一丝恐惧，充满了安全感，手里还拿着一瓶水。因为这支军队是来保护他们的。而叙利亚小女孩住在难民营，国破家亡，没有人能保护她。

从前者，我看到了过去的中国，当我们还被称为"积贫积弱"的中国时，我们的命运和那位无辜的小女孩没什么两样。是什么带来了变化，是什么让恐惧变成了一脸幸福？我想大家都会说——实力。实力是奋斗出来的。国家如此，个人亦如此。

实力决定我们的生命力。奋斗力决定我们的实力。面对人生的答卷，我们如何展现我们的实力和奋斗力？

谁也不知道未来的走向具体会怎么样，未来会变得如何，我们唯一确定的，是这个世界会变，会变得面目全非。

互联网、博客、自媒体诞生时，大量媒体从业人员、记者失业。可是，很多人迅速进入自媒体领域，经营起了微信，做起了营销号，现在光广告费一个月就能赚几十万。当问到这些人是如何成功转型时，每个人的答案都不太一样，但有一个共同原因——

他们时刻准备着，每天都在进步，并且保持随时进步、随时换轨道和终身学习的能力。

所以，做一个终身学习者，做一个持续奋斗的人，将会是未来世界里唯一的出路。

孩子，未来都是奋斗出来的，将相本无种，王侯亦可求。勤学、笃思、勇立潮头；只有将汗水洒向大地，我们的梦想才能落地生根。机会只会眷顾坚定者、奋进者，而不会等待犹豫者、畏难者。

从今天起，做一个奋斗的人，敢言、敢当、克己自责；只有奋斗的人生，才称得上幸福的人生。孩子，愿你在跌倒的时候，有爬起的勇气；愿你在困难的时候，有坚持的恒心；愿你在迷茫的时候，有远方的明灯；愿你在思索的时候，有未来的智慧；愿你不驰于空想，不骛于虚声。

孩子，从今天起，做一个奋斗的人。

运动、读书、感悟生活。

人生是一个复杂的剧本，

但不改变生命的单纯。

愿你有穿上皮鞋的优雅，

也有穿上跑鞋的笃定，

爱远方，爱当下，爱家人，爱自己。

愿你腹中有诗书，眼里有光芒，

喜乐有分享，冷暖有相知；

心有猛虎，细嗅蔷薇。

你好，未来！

一切刚刚开始，

我们将奋力拼搏！

做一个全xin（新、芯、心）的白马湖人

2018年5月

今天，是个充满了幸福味道的日子。我们迎来了白马湖的又一批"新"人。请记住今天——2018年5月27日，我成为一名"新"白马湖人。

历经三年的裂变、完善，我们面临的一切都是"全新"的。从2015年只有脚手架的校园到2016年硬件基本完善，再到2017年初三楼层绿意盎然花开半夏。

2018年的白马湖已完全是精装修交付的"新"房了。校园经历3个四季的轮回，花与树都有了最美的姿态。各类校服的款式历经三年的形影相随与白马湖和谐相融。校园处处皆是景，处处可入画。

三年，白马湖今非昔比。三年后的你们亦是今非昔比。因为你们是白马湖又一个"全新"轮回的新起点。

2018，我们一起出发，做一个"全新"的白马湖人。

"新"——以"斧斤"，立木成材。

这意味着，要成才，就要有脱胎换骨的准备，要有"被劈"的承受力。

进入初中生活，我们即将面对的"新"生活是这样的——

"三载光阴，白马行空。晨跑，逐日四圈。'抢食'，电子屏前。早晨课漫漫，下午人不散。磨牙吮血，刷题如麻。一日毕罢，晚霞送归人……"

零食不过电子屏，不得带入寝室和教室。7：20早读；11：30开始各年级错时午餐或理科辅导；13：10—16：45为下午学习时间；18：00开始晚自习，大部分同学17：30左右已经开始在教室里安静自习了。

我们的征途是星辰大海。在成为英雄和高手的征途中，你能否成为那颗闪亮的星？每学期，我们每一个班级均有"白马湖百星"等各类评选，"让每一个今天都蒸蒸日上，让每一颗星星都闪闪发亮"——白马湖人无论身在何处，均是闪耀之星。长长的榜单上，应该有你闪光的名字。

我们的课堂是快节奏、大容量的，一不小心你就可能名落孙山。

我们有一个奖项——黑马奖，这是期中考年级进步30名以上的奖项，每一次领奖的面孔都不一样。曾经有入学考前50名的同学，退步至近200名——要想一直优秀，只有把优秀变成一种习惯。

一切归零，重"新"出发——亲爱的新白马湖人，你们准备好了吗？

"全新"的白马湖人，有着"白马湖之芯"，这是白马湖之魂。"芯"，是灯芯草茎的髓，灯芯草是百姓光明的来源。

汉字的奥妙与智慧真是让人惊叹啊！

还记得硝烟未散的中美贸易战吧？今年4月中，美国商务部以违反美国政府制裁禁令为由，宣布禁止美国公司向中兴通讯出口电信零部件产品，期限为7年。如果这一问题无法顺利解决，中兴通讯业务将面临全面休克，8万员工也将无处安置，作为国内5G龙头股票后续产生的间接损失难以想象。消息传出后，中兴A股、H股双双停牌，其美国供应商的股票大幅下跌，最严重的跌了30%以上。

"任何通往光明未来的道路都不是笔直的"，强起来离不开自主创"芯"。数据显示，2016年中国进口芯片金额高达2300亿美元，花费几乎是排在第二名的原油进口金额的两倍。互联网核心技术是我们最大的"命门"，核心技术受制于人是我们最大的隐患。

要想不受制于人，只有强大于人。强大于人必先独立于人，有自己的强大之"芯"。那么，我们的"白马湖之芯"，应该如何强大与提速呢？我们的中国心、世界眼、白马魂、国际范又如何造就呢？

我们的"芯"要有什么？

一点，这是人格力。人格力给予人全部的财富和灵感。我校的人格力教育以"天马行空，崇实敏行"的校训为核心。

卧钩，是学习力。学习力是把知识资源转化为知识资本的能力。学习动力、学习毅力和学习能力是学习力的三要素。习大大说，"中国要永远做一个学习大国"。

卧钩上的两点分别是合作力和规划力。合作力被称为最贵软实力，它能把独行侠融入团队，把能力转变成执行力，再把执行力转变成最终的胜果。合作力是个人进阶的最强竞争力，因为这个时代从不缺少高智商、高学历、高能力的人才。作为一个社会的人，我们需要与同伴合作、与老师合作、与家庭成员合作，合力越大，胜算越大。

规划力，有规划、描绘未来愿景的能力，有能力清晰地指出自己未来能达成什么目标，有能力激起自己奋斗的热情，有能力一步一步让自己的理想成为现实。三年后的今天，我的少年，你是否成为自己想要的样子？你需要有一个规划，先为自己定下一个小目标：赚它一个亿，也是可以的——万一实现了呢？

健康力，是"心"的守护，没有了"艹"，也就没有了庇护。还记得《无问西东》中冒雨奔跑的联大学子吗？"野蛮其体魄，文明其精神"，是二中精神，也是白马湖人的气质。迎着朝阳的奔跑，那是我们美丽的青春在飞扬。今年，我们体育中考达到了平均分29.92——满分30分。

人格力、学习力、合作力、规划力、健康力，组成了"白马湖芯"，再过三年，也必将打造出我们白马湖的第二季精品。正当红时遭遇车祸却再次成为人生赢家的胡歌，在《朗读者》上回顾自己12年来的心路历程：生命，该如何度过？活着，就有一些事情要做，有一些使命要去完成。2021年的盛夏，你们、我们将再次重拳出击。

做一个卓越的白马湖人

2018年9月

开学了！各位同学，各位家长，你们准备好了吗？新的学年到来了！也许暑假开始时的快乐、军训中的热血都还没有散尽，就开学了。

这个学期，我们除了学习外，还要做些什么呢？我想，我们在继做一个优秀的人、高贵的人、智慧的人、奋斗的人、理性的人、丰富的人、全新的人之后，还要做一个卓越的人。那么，如何让自己成为一个卓越的白马湖人呢？

在说"卓越"之前，我先聊聊一篇短文——《中国男性真的越来越娘了吗？》。说实话，读了以后挺心塞的！如今社会的确有些缺乏阳刚之气，各行各业都显露出阴盛阳衰的迹象，如大学文科成了"女儿国"，奥运会女运动员撑起的不止"半边天"，媒体界的记者编辑几乎是清一色"娘子军"，还有长相粉嫩、身材纤长的"小鲜肉"。有人谑改：少年强则国强，少年娘则国娘。毫无疑问，没有阳刚之气的民族，是没有希望的民族；没有阳刚之气的国家，是没有未来的国家。

在白马湖，我们要有龙马精神。战狼式的军训就是要在同学们的心中培育起一种英雄情结。这是我们人生道路上非常好的一次历练，受训一星期，终生都管用。白马湖还有许多社团活动、校园文化活动、综合实践活动等，立体地丰富同学们的课余生活——就是让我们同学们能充分展现自我、陶冶情操、拓展素质，做一个精神明亮的人。

《诗经》有言："靡不有初，鲜克有终。"我们要有日拱一卒的坚持，以千锤百炼的信念、挑战极限的毅力和舍我其谁的气魄，坚守理想、坚守寂寞，不放弃、不懈怠，静待花开——这就是卓越的人。卓越的可贵之处，就在于它比优秀再多一点点。

在此，我就从暑期热剧《延禧攻略》的女主魏璎珞的身上，为我们同学找一找卓越因子，这或许就是你决胜白马湖的白马湖攻略。

目标明确

魏璎珞第一天进宫，就让宫中不得安宁——因为她手艺出挑，被其他绣女嫉妒。几乎所有人都孤立她，等着看她的笑话。而她的一切行动、一切谋划，都为着她进宫的初心而来——查清姐姐死亡真相。所以她向所有看热闹的人宣告：我入宫不是为了交朋友。接下来，爱情、财富的诱惑，统统不在线。这就是坚守初心。初心就是人生的希冀与梦想，是我们不懈追求的动力，是事业成功的承诺和信念。

如何才能保持一颗初心？清华大学一位老师说："一个人若能永远保持学生的状态，他的人生就不会枯竭。"所以同学们，无论你走多远，都别忘了自己为什么出发——当初为什么选择来白马湖，你来做什么的，还记得吗？

做事靠谱

做事靠谱是最基本的素养，只会说不会做是不够的。目标要靠行动去达成。

魏璎珞能赢，还依赖于她出众的能力、靠谱的执行力。这让人能够信任她，放心把事情交给她。皇后寿辰，绣房按例要为皇后献上凤袍，魏璎珞因为绣工出众被选为主绣者。当绣凤袍用的孔雀羽线被妒忌的同行破坏后，她当机立断积极补救，连夜赶工，绣出了新凤袍，得到了皇后的赏识和认可。

魏璎珞是个聪明的女人。她有她的善良，也有她的底线，任何时候都保持清醒的状态，无论是下等宫女，还是皇后、妃子，都一视同仁，不攀炎附势，更不落井下石。

很多时候，我们看到了领奖者胜利的荣耀，却容易忽略他背后的辛酸。新的学期、新的环境，初一的同学面临小学生到中学生的转换，能否顺利晋级？初二的同学，面对更难的中学课程，成绩的分流，能否逆袭自己？对于学习，对于学校生活，靠谱是我们必需的品质。

现实与理想有差距了，不甩锅、勇敢面对、冷静行动、心中有数才是决胜的希望所在，才是真正的靠谱。

不抱怨

我们有的同学以青春期之名，以代沟之名，以个性之名，总觉得全世界都在针对他，众人皆醉，他才是清醒的那一个。上撑天，下撑地，中间撑万物。其实，顺风顺水、总是好运相随的人，一定有他们的过人之处的。有位智者常说："如果你大声真心地喊'痛'，内心就真的会受伤；如果你不以为然，不把外境的伤害当回事，伤痛就不会真的进到你的心里来！"同样，抱怨就等于在大声地喊"我内心有危机感，有担心"，于是危机感、担心等负面情绪就真的会浸染自心。

我们看，宫墙之内的魏璎珞没有靠山，没有退路，危机四伏。如果要抱怨，她肯定活不过10集。办法总比困难多，与其抱怨不如适应。只有适应，才有可能征服。魏璎珞不矫情、不懦弱、敢爱敢恨的黑莲花性格更是让这部剧"爽点十足"。对我们学生而言，遵守校纪校规、勤奋学习、刻苦锻炼就是对成长的担当。

不单干

一个人可以走得很快，一群人会走得更远。

从绣女到皇后的贴身宫女，魏璎珞已经足够出众，但要继续向上，她的力量还太过弱小。合作才能共赢，魏璎珞深知这个道理。璎珞正是凭借过人的勇气与胆识，收获了富察皇后、明玉、海兰察、袁春望等好友助攻。戏中璎珞的多个重要"盟友"帮助她渡过重重难关，最终助其成为尊贵的令妃。

在学习这件小事上，我们也需要有一群人一起拼。单丝不成线，独木不成林。还记得军训时我们的团队活动吗？战狼、大雁都是集体行动的行家。我们的英雄排，我们的一个一个荣誉，哪一项是单靠个人获得的？

前行的路上，不要忘记你的同伴，他们可以帮你；胜利的终点，也不要忘记你的同伴，他们成全了你。你的同伴，包括伴你至今的爸爸妈妈，一同求学的同学室友，传道解惑的老师。

重细节

电视剧火了，连带"清宫秘史"成了百度高频词。还火了一种颜色——莫兰迪色。这个反正是我从没听说过的色系。该剧里的画面和服装色彩一改往日高饱和度、色彩艳丽的宫廷风，取而代之的是一种舒缓、宁静的"延禧莫兰迪色系"。据说"满屏的莫兰迪色系（高级灰），各种雅致的素色配上精致华美的手工刺绣，满眼的高级感"莫兰迪色被称为佛系治愈色，也是最高级的温柔色。

一部剧，连色系与剧情的冲突这样的小细节都关注并予以行动，不火都难。同学们，记住白马湖的秘诀：把细小的事情做到极致就是绝招！

做一个清醒的白马湖人

2018年9月

初三年级：共133人参加中考，其中461分以上130人，占比高达97.74%。

周语诠同学以574分（满分600分）摘得桂冠。

本次中考中，包含保送生、特长生前三所上线率达到40.40%（其中杭二中上线率达到20.74%）。

前八所上线率达到73.36%（其中，录取同学最低分为529分）。

不仅如此，我校信奥队披荆斩棘，开创辉煌。特长生中，有3位同学被北京大学提前锁定、1位同学被清华大学提前锁定。

这组数据，我想每个白马湖人都不陌生。我更知道，我们很多——可以说绝大多数初三的老师、家长、同学，已经对照这个百分比计算出了自己的大致段位。我们白马湖的确是一战成名了，我们希望再创辉煌——种种坊间、官方数据显示，我们这一届初三会更好，我们当然乐见其成。

"可是"这个词最无情。可是，我们在第四次滨江区统测——也就是上学期期末考中，区前21.1%的比例跌破80%。这意味着什么？我们一直在努力，可是我们的对手比我们更拼，差距在缩小——虽然这是刚起头。

我们需要清醒了。初三没有一次考试是小事，只有把平时的每一次考试当作中考来对待，才有中考时的"平常心"。

可是，我们还有一些同学暑假成了游戏与手机的俘虏。无游戏不能活，无手机不作业。与爸爸妈妈撑了一个暑假，撕了一个暑假。有一些同学过了一个"假"的暑假，他们数着日子补弱科、练特长、练体育。他们的暑假和在学校里没有区别。可是，你们之间既是战友也是对手。

可是，我们一些同学以初三之名逃避学校的纪律常规。如果初三有什么特权的话，那就是起得更早、睡得更晚、走得更快。

其余的想法都是"幻术"，都是引你入魔的虚空——保持清醒很重要。

推荐大家看一部电影——《狄仁杰之四大天王》。

"异人组"金銮殿上呼风唤雨，召唤真龙；封魔族，蛊惑人心，让人在幻象中自相残杀；佛界湖底世界画面清奇，可爱澄净。谜底揭晓：都是心魔，境由心生。

看电影时，我一直在纳闷：为什么这部剧要叫《四大天王》？看到最后，我明白了：四大天王实际上是四条保持头脑清醒的原则。

东方持国天王，谓能护持国土，身白色，穿甲胄，持琵琶。天王手持琵琶表中道，琴弦松了弹不响，紧了会断掉。这是告诫我们：为人处事、待人接物要恰到好处，不能过之也不能不及。

初三，学习很重要，健康是保障，须劳逸结合、张弛有度。

南方增长天王，谓能增长善根，身青色，穿甲胄，握宝剑。天王手拿智慧之剑斩贪多的散乱心。

这是告诫我们：德行、学问要增长。最要紧的：恶，我们要努力、勇猛地将其断掉；善，要勤奋、坚持地让它增长，不进则退。

初三，是一场自己与自己的较量，不忘初心，坚持每天进步一点点，就是自己的成功。

西方广目天王，谓能以净天眼随时观察世界。广目就是要多看，善于观察，取人之长，补己之短，总结经验。广目天王身红色，穿甲胄，一手拿的是龙或蛇，龙蛇表变化；另一只手拿的是珠子，表不变。教人们以不变应万变，在变化中找出不变的原则，心有主宰，以定生慧。

初三，是考场与考场的满屏时间，一考一思考，一题一收获。内心沉静，胜不骄，败不馁。

北方多闻天王，谓福德之名闻四方，身绿色，穿甲胄，持宝伞右握神鼠。多闻天王教我们做学问，增长见识。"读万卷书，行万里路。"天王手上的伞是环保的意思，在千变万化的世界里，要防止种种的污染。在广学多闻的同时，要着重保护自己的清净心，纯净纯善像莲花一样出淤泥而不染。

那些被封魔族迷惑心智的信徒，被方术迷惑心智失去自我的民众，不正是缺少了这些吗？

初三，我们以静生慧，以净生美，以敬生德，以竞生优，精益求精。6月凯旋，还是少年。

现在我们看到的一切数据都是参考，只表示了成功的可能性。我们要的是来年6月的再创佳绩、再创新高，成就我白马荣光。

白马湖的初三人应该是这样的：

1.对自己的目标坚定执着，任何时候都不放弃，树立"舍我其谁"的胆气、豪气和勇气；

2.模范遵守学校各项规章制度，做其他人的表率，做最好的自己，做校园最美的风景；

3.以饱满的斗志投入备考，无论是上课、作业还是考试、纠错，都认真对待，一丝不苟，不被惰性情绪左右，战胜弱项、战胜陋习；

4.充分利用时间，最大限度地压缩非学习时间，各种学习以外的事情速战速决，尽可能延长在教室的时间，巧妙利用吃饭间隙和睡觉前等零散时间；

5.尽最大可能提升自己的心理承受力，做到心胸豁达，不为小事所累。

初三，心在何处，何处有风景；志在何处，何处有成功；爱在何处，何处有感动；梦在何处，何处有未来。

初三，老师们早已准备好了祝福、掌声和拥抱；初三来了，你——我的战士，是否准备好了横扫千军的战斗力？

做一个满怀希望的白马湖人

2019年2月

亲爱的同学们，新年好！开学快乐！经历了一个不长也不短的寒假，我们再次重逢，不再"流浪"。

人类最大的浪漫就是满怀希望地生死相随。因此，我把此次讲话的主题定为《做一个满怀希望的白马湖人》。

"希望"，伴随着《流浪地球》的热播，从大年初一开始冲击着我们的视野。

上映14天，《流浪地球》票房突破38亿元，这个数据，超越了当年的《星际穿越》，甚至《阿凡达》。中国的科幻片，这一次终于毫不怯场地站上了国际舞台。影片中的家国情怀与责任承担不仅仅感染着越来越多的中国人，也被世界所关注——"中国人开始拯救地球了！"

《流浪地球》从最开始排片仅有10%，到靠着口碑一路扶摇直上，杀出贺岁档重围，以最低的排片量，博出了巨大的票房创造力。

这部电影开拍以来多次面临流产，人人唱衰不看好，如今有口皆碑、好评如潮，甚至连科幻电影之父卡梅隆也转发了对电影的看好与祝福。

这意味着，那些真正有崇高电影理想的人，可以被看见，可以赚到钱，可以去创造出更优秀的作品；这意味着，观众的审美越来越成熟，影视圈开始真正地洗牌，认真做事就会得到回报的时代，来了！

世界正在奖励那些一直满怀希望、真正用心做事的人。

2018年的票房神话，是小成本电影《我不是药神》。

它关注小人物在时代洪流里的艰难，也在最后拯救了这些人的苦。

它让我们看到善意和希望，一部电影能做到的好，这部电影全都做到了。

这部电影的成功，更加确凿地证明了，不靠顶级流量，不靠小鲜肉、抠图秀秀，仍然可以以题材、演技和剧情取胜，拿到票房大满贯。

《流浪地球》也是这样。

　　导演郭帆最早挑选刘慈欣的剧本，就迷上了这个故事。他从小是个科幻迷。

　　在此之前，中影公司其实找过很多国内外的大导演。谁都不愿意拍——整个市场，没人看好国产科幻片。

　　科幻的效果，就是钱，好莱坞的科幻片的投资经费都是十几亿元啊……

　　而郭帆拿到的预算，是1亿元，两者相差了十几倍的距离。

　　但他还是执意要做这件事。

　　因为满怀希望，因为心底的梦想；因为一群追梦人，一个认真的团队。

　　郭帆自己垫资100万元，接下了这个项目。

　　为了构建一个合理的科幻世界，他开始每天混在一群科学家中间。

　　为了能把这个科幻世界具象化，他们做了3000多张概念设计图、8000多个分镜头稿，把那时人们的生活、科技的发展、地下城、行星发动机……一个个都具象化。

　　这一干，就是半年。他从未想过，如果失败怎么办，如果中影换人怎么办。

　　他只是踏踏实实地做好自己的事情。

　　导演把全部身家砸了进去；制片人卖了自己的车，补贴剧组；摄影指导自己花了几百万元，租设备给剧组。

　　现代人好像都格外精明，遇见一件事，总是先想着计算自己的利益，将自己的所得最大化——这群人怎么就这么"傻"呢？正是这样"傻气"的赤诚和坚持，才使影片成功逆袭。

　　因为对自己、对未来满怀希望，所以便义无反顾地一起向前冲了。

　　这部电影的演员与幕后人员，同样吃尽了苦头。

　　他们身上穿的服装重达80斤，穿在身上，做一下动作都会疼，肩膀被磨破是常事。因为服装穿脱麻烦，他们硬是咬着牙，穿着这么重的行头，在摄影棚里拍摄。中场休息的时候，靠工作人员用脚手架拉住几根绳子，把厚重的宇航服提起来，才能喘口气。

　　电影里的老司机吴孟达，超期拍摄五天，没有索要一分钱片酬。有人问起他，他只字不提自己的辛苦，只是说："有生之年能参与中国科幻片的拍摄，人生无憾。"

只有满怀希望，才可换来人生无憾。

电影杀青时，几乎每个工作人员都是先开心大笑，庆幸自己终于解放了，接着抱头痛哭。这背后的辛苦，只有他们自己最清楚。

看了电影，再了解了这些幕后，我感动得无以复加。

在这个资本疯狂逐利的时代，仍然有人愿意沉淀下来，倾尽所有去实现梦想，去做一些真正有价值的事情，实在太难能可贵了。

而现实也告诉我们，这样努力、拼尽全力地去做出真正的好东西，是会得到丰厚的回报的。

他们是值得被观众和市场宠爱的，世界一定会奖励那些用心做事的人。所有的胜利，本质上都是努力、心血、敬畏心的胜利。

而我们应该坚信的是，只要你满怀希望，用心做好事情，踏实奋进，就一定会成功。

希望是这个时代像钻石一样珍稀的东西。

就像《流浪地球》的插曲唱的那样：

对世界　对自我　失望过

回避过　放弃过　遗憾过

现在的我不想再闪躲

落败都比懦弱光荣

就算是错　也是我的梦……

没有谁的生活会一直完美，但无论什么时候，都要看着前方，满怀希望就会所向披靡。

不曾放弃希望的人，希望也从未放弃过你。

不是看到希望才去坚持，而是坚持了才会看到希望。

有希望便有失望，失望后我们更要心怀希望，自强不息。

带着希望，自强不息，砥砺前行。

还记得刚入初中，我们学习过的朱自清先生的《春》吗？

让我们一起来诵读这样满怀希望的文字吧：

天上风筝渐渐多了，地上孩子也多了。城里乡下，家家户户，老老小小，也赶趟儿似的，一个个都出来了。舒活舒活筋骨，抖擞抖擞精神，各做各的一份儿事去。"一年之计在于春"，刚起头儿，有的是工夫,有的是希望。

春天像刚落地的娃娃,从头到脚都是新的,它生长着。

春天像小姑娘,花枝招展的,笑着,走着。

春天像健壮的青年,有铁一般的胳膊和腰脚,领着我们上前去。

电影的最后,联合政府的致辞是"让我们祝地球好运"。

我致辞的最后一句:满怀希望的白马湖人,一定好运!2019,让我们带着自己的"地球",朝着梦想和希望一起"流浪",一起奋进!我们的老师和家长也将一路陪伴,因为"这个世界并不是只有你一个主角",而是整个人类全体都在拼尽全力。

做一个践行梦想的白马湖人

2019年9月

各位同学，各位老师，开学快乐！又是一年秋来到。又一个暑假结束了。

暑假，我们是不是这样开始的？亲爱的暑假终于来了，我热爱的生活终于开启了。捧着"现男友"（饮料名，李现冠名），吹着空调，刷着剧。

现实来了，有个叫作"补习班"的东西，如期而至或者如约而至。关键是还有电影的神助攻《银河补习班》。亲爱的，热爱的，还没有开始就要结束；恨不能叫嚣——让补习班滚出银河系。可能说出口的却是："妈，下一期补习班是什么时候？……妈妈，我的……需要补一补……"

因为我们都清醒地知道竞争的残酷和时间的紧迫。

初三年级的同学们，你们是白马湖新的希望。初中余额仅300天。看看2019届毕业生的成绩，我想大家心里肯定刻上了八个大字——"为我白马，再创辉煌"。

初二年级的同学们，你们肩负着承上启下的重任，你们已经进入了知识和能力大幅度提升的关键时刻。

我想每一名白马湖学子肯定在开学前后都曾经告诉自己：这个学期，我要更加努力、更加认真……我一定要改掉……的缺点。

杨绛先生说："人要成长，必有原因，背后的努力与积累一定数倍于普通人，所以，关键还在于自己。"

哪吒爹李靖说"真正能决定你的人，是你自己"，哪吒说"我命由我不由天，是魔是仙，我自己说了算"……

于是，杨绛成为国学大师，她的作品为人称颂；哪吒最终挣脱了成魔、短命的所谓天意，拥有至清至洁的莲花真身……因为他们说了，他们也做了。

说出的誓言，是心中的梦想；实现的诺言，才是践行者的荣光。

问问自己，我做得怎么样，我是不是做得比说得好。

其实，我们每个人的身上，都有着敖丙那样的万鳞甲，那就是至亲至爱之人的期待。我还记得初三百日誓师时的第一句誓言："不负师长的期待，不负父母的厚爱，不负天赐的智慧……"

太乙真人的坐骑，是头猪，憨态可掬。我看剧时，一直以为是导演要加点喜剧效果或者是为了迎合今年的生肖。

可是，当这个坐骑传给哪吒时，明明是风火轮一对：外观高端大气，功能如虎添翼。因为什么？法宝依据主人的特性而变化。

同学们，我们不妨脑补一下：如果传给我们，会变成什么？

这多像我们老师经常吐槽的一句话：同样的老师教，同样的内容，学出来的效果，有人满分，有人……此处省略若干字。

为什么有这样的不同？如果单从学生的角度而言，很明显，"做"——也就是我说的"践行"——的力度有所不同。对比一下不同同学的笔记本、纠错本，可见一斑。就更不用说暑假作业了。

新的学年，新的学期开始了。我们在白马湖的日子，只减无增。

我更迫切地希望，我们白马湖的孩子，能成为一个践行梦想的白马湖人。梦想不仅仅是悬挂在某棵树上的愿望，更应是我们前行的方向和一定要到达的地方。

真诚地希望每一名同学在新学期里，明确目标，增强信心，乘风破浪，奋勇前行！

有梦想就去努力，因为没有到不了的明天。努力了，结果会变成成果；不努力，成果早晚沦为后果！

以青年作家卢思浩的一段话与大家共勉：

你要忍，忍到春暖花开；你要走，走到灯火通明；你要看过世界的辽阔，再评判是好是坏；你要铆足劲变好，再旗鼓相当站在不敢想象的人身边；你要变成想象中的样子，这件事，一步都不能让。

愿老师传授给你的坐骑，有一副比风火轮更好的样子，这就是你的样子。

今天在要谈学习的第一天，和大家谈了电视、电影，只想告诉大家：人生这台戏，剧本、导演、主演，都是自己！"人生之于'欢喜'宛如'玻璃碴里找糖吃'，每一粒都弥足珍贵"。

暑假一别两宽，开学各生欢喜！

做一个有气质的白马湖人

2020年9月

想必大家都非常熟悉"南橘北枳"的故事，在《晏子春秋》中是这么记载的："橘生淮南则为橘，生于淮北则为枳，叶徒相似，其实味不同。所以然者何？水土异也。"这个故事给我们的启迪，想必大家也都能张口就来：水土对人的影响实在太大了。俗话说，一方水土养一方人。江南湿润，所以江南人温润；塞北辽阔，所以西北人也就剽悍些。2020学年第一学期的开学典礼，我想跟大家说说白马湖的"水土"。

走进白马湖学校，映入眼帘的是写有"杭州二中白马湖学校"校名的立柱，在枫树枝丫的衬托下，既宏伟大气，又典雅纯净。正前方是一条大道、两汪活水，白马湖水引入校园，浸润书香，化身为孔孟池池水。四季苗圃、常青之树驻守在孔孟池的东西两侧，大理石雕刻而成的国际象棋棋子均匀分布于孔孟池南北两端，中间的大道又如中国象棋中之楚河汉界。

国际象棋中的每一枚棋子都代表着一种精神，或者说是一种态度。在这盘棋里，一个个不回头的"兵"、不放弃的"马"、不停止的"车"、不埋怨的"象"、不迷茫的"后"，成全了学生的"王"。有言：棋逢敌手，将遇良才。这是英雄式的相遇。和而不同，举手无回，深谋远略，勇往直前，守住边界，这是我们白马湖学校的独特风景。白马湖畔的这副棋，是上天赐予我们的好运气。这些被赋予了意义的棋子对于白马湖人来说，是告诫，是警示，也是我们需要的校园文化、白马气质，更是我们的努力方向之所在。入门见棋，旗开得胜，不就是马到成功了吗？

在电子屏前，两匹长鬃飞扬、奋蹄腾空的白马、黑马，更是我们白马湖学校的文化写实。说它有形，校园里它无处不在，骁腾、骁骏、斓骐、骐骧、青骢……浸润到每个班级文化之中。说它无形，它又是我们治学的精髓：斑马的遒劲、金马的定制，铸就出我们白马湖人的优秀、奋斗、智慧、丰富、包容、清醒的气质。

白马湖学校不大，但是很精致。白马湖学校不时尚，但是有它自己的气质。它坐落在白马湖创意城，南有笔架峰，北有冠山，横卧白马湖的一条支流。腾龙路、映翠路蜿蜒而来，一百分的豪气、一百分的灵气、一百分的秀气、一百分的才气，还有一百分的空气，汇聚在我们天马路500号。白马湖亦称作"排马湖"，相传春秋末期吴王夫差在此排马布阵，攻打困守于傅家峙的越王勾践，以此得名。这是一个出将才、出帅才、有王者之气的风水宝地，是一座现代化、古典园林式的"生态开放型"校园，是山水孕育的读书圣地。它崇尚读书，倡导"带一本闲书"上学。因为它知道"只有阅读才能让人生之路越走越远""只有阅读才能让人的灵魂善良、丰富和高贵起来"。

三毛在《送你一匹马》中说："读书多了，容颜自然改变，许多时候，自己可能以为许多看过的书籍都成了过眼云烟，不复记忆，其实他们仍是潜在的。在气质里，在谈吐上，在胸襟的无涯，当然也可能显露在生活和文字里。"

读"仰天大笑出门去，我辈岂是蓬蒿人"，感受李白笔下的自信；听"生当作人杰，死亦为鬼雄"，承载李清照的信念；赏"会挽雕弓如满月，西北望，射天狼"，赞苏轼的气宇轩昂；看"雕栏玉砌应犹在，只是朱颜改"，感李煜的伤怀；品"采菊东篱下，悠然见南山"，享陶渊明的安闲自乐……书读得多了，气质慢慢地就来了。气质是一种味道。

"无问西东"一词出自清华大学校歌："器识为先，文艺其从，立德立言，无问西东。"电影《无问西东》讲的是清华，又不仅仅是清华。

电影中有一个很有意思的情节。建校时，因为经费不足，用茅草和铁皮做了屋顶。在一节课堂里，暴雨捶打着铁皮，发出巨大的噪声，学生们听不到物理老师的声音。于是，老先生转身，在写满了公式的黑板上写下了四个字——"静坐听雨"。

他们读诗，学理，看生物化石的模型，钻研哲学与人生。坐在一间教室的他们，未来迥然不同，但又百流归一。

原来，读书是一件美好而又享受的事情。

总而言之，大到白马湖学校的地理位置，中到白马湖学校的校园环境，小到白马湖学校的每一个教室、每一间办公室，均属"福祉盈门"

之地。如此风水宝地中的人儿，没有书香气，没有正直心，没有勤奋身，没有青春的矫健，没有明亮的精神，没有崇高的理想，怎么行呢？所以，让我们一起铭记：在白马湖这所有气质的学校里，我们都要做一个有气质的人。

如果你问，白马湖人是什么样的气质？我便会说，是白马湖孩子的坚持和认真，是白马湖老师的责任和担当——是两者相融合的气质，是一种独特的气质。

我希望我们白马湖的孩子三年之后走出校园，有我们白马湖人的气质。鲲鹏有志，志气有刚；含蓄开放，英姿飒爽；蕙质兰心，君子谦谦。我们协力培育着诗意的土壤，只期望：从这里走出去的人，任意驰骋，诗意地栖居在大地上。

做一个理智的白马湖人

2021年3月

开学了！各位同学，各位家长，你们准备好了吗？新的学期到来了！新一年的学习开始了。这个寒假，过得怎么样呢？是抓紧时间践行弯道超越，还是沐浴阳光野蛮体魄，或者是惬意地享受自然醒和美食？

今天，你们想不想回来呢？想不想回到白马湖？白马湖的花已开，只等你回来。"我来，你高兴吗？"——是今年春节热播的电影《你好，李焕英》里的一句泪点台词。

春节后，天气一直晴好。新闻说，杭城2021年的春天比以往来得更早一些。可是，前些天，老师们返校了，开始下雨了，气温骤降。

我看到了一个段子："开学前为什么要下雨？"

有人回答：1.明确了故事发生的自然背景；2.同时又描绘出了悲凉的社会环境；3.渲染了一种悲凉的气氛；4.烘托出主人公忧郁、悲伤的心情；5.暗示了人物的悲惨命运；6.为接下来繁重的工作、生活埋下伏笔；7.与失去的美好假期形成鲜明的对比……

一位朋友这样回答我："春夜喜雨，随风潜入夜，润物细无声。"多么智慧的回答！

今年是牛年。春节祝福语的高频词汇莫过于"牛气冲天""牛转乾坤"。如何让梦想照亮现实？我们拿什么来"牛气冲天""牛转乾坤"？

我想用一个词语与大家共勉——理智。牛年，让我们做一个理智的白马湖人。

2017年，我和大家说过：做一个理性的白马湖人。记得那一年，我们的区统测取得了前所未有的好成绩。我希望大家戒骄戒躁，理性分析，看到成绩背后的缺失。

历史总是惊人的相似。上学期，我们的区统测同样再创新高。我们仍然需要理性、需要智慧。

《说文解字》："理，治玉也。"表示在作坊治玉。造字本义为在作坊将山上挖来的璞石加工成美玉，使之成器，有形有款。徐锴曰："物之脉理，惟玉最密，故从玉。"

段玉裁注云："郑人谓玉之未理者为璞。是理为剖析也。"

《孟子字义疏证》曰："理者，察之而几微必区以别之名也。"是故谓之分理。得其分则有条而不紊，谓之条理。

何为理性——敢于剖析、善察细微、有条不紊。

剖析自己的成绩和成长，有条不紊地安排自己的学习和生活。知道"我是谁""我要到哪里去""我如何到达那里"，明白"我在做什么""我要做什么"。

山东卫视春晚小品《我焦虑》、央视春晚里的相声《如此家长》，戳中了很多爸妈的心。家长愿意用各种兴趣班、补习班把孩子的周末填得满满当当，却不能耐心地给孩子辅导一道"100-70=？"的数学题。

商品社会消费时代，父母的想法和行为被一双看不见的手所左右。

这只手也许是一种常识，比如高学历与高薪相关；这只手也许是一种舆论，比如只有不断奔跑，才能留在原位；这只手也许是一股潮流，隔壁老王家孩子都学钢琴了，我们家孩子也得学一学。

这只手不断制造着焦虑和欲望，诱导家长们像不断购买更多的、更新的、更好的产品一样，给孩子报更多的课程、更贵的辅导班。在欲望和焦虑的裹挟下，人们想获得安全和认同，只能随大溜。这就是最近很流行的一个词——"内卷"。

期待孩子读更好的学校，掌握更多的才艺技能，找工作时好把自己卖个好价钱。所谓优秀品质，比如合作、进取、包容、勤勉……统统可以搁置。

教育的真正目的是什么？孩子内心的真正需求是什么？在短期的高分数和长期的学习力中，我们选择什么？

"快，不应该是衡量效率的唯一标准，还有愉快。"

周末可否过更有质量的家庭生活？一家人阅读、运动或好好做一顿饭，才是最好的生活教育；一家人讨论、交流、分享，才是最好的学习方式。期待孩子成为怎样的人，父母先做那样的人。结束大人带着孩子跑着赶场上补习班的日子，让孩子带着大人，回归生活，慢慢成长。

学校以学习为主，回家以生活为主——我不知道，我这个设想会不会太丰满。

开学之初，我们不妨和爸爸妈妈一起理一理：我的成绩是如何取得的？我的远方在哪里，我的田野怎样了，我想怎么办？

春节档的电影，绕不开《你好，李焕英》。票房前几天就突破45亿元大关。贾玲仅靠这一部电影的票房，就超过了张艺谋、冯小刚、徐克等一流导演的总票房，成为名副其实的黑马。

成功背后，是创作团队对每一个细节的死磕。剧本从同名小品到搬上荧幕，打磨了4年多。演员沈腾一天被摔17次，陈赫一个下午吃20个包子，张小斐N次落水戏……绝大部分特别成功的电影或者明星，都有这个特质：全力以赴，把每一个小细节做到极致。你要足够努力，才能看起来毫不费力。那些看起来顺风顺水的春风得意，背后都是狼狈艰难的咬牙坚持。

这是理性，也是智慧。我们来说说"理智"之"智"。

智，上知，下日。知，通晓、知道的意思；日，代表宇宙万物运行规律。

如果一个人可以通晓宇宙万物的运行规律，那么，他就是一个智慧的人，是个智者。

这个假期，我收到四条信息：两条是家长求助，两条是学生投诉。

家长求助，孩子沉迷游戏，语言偏激甚至对父母举起了拳头；学生投诉，老师要求太高、太严，言辞蛮横，甚至夸大其词地把"金条"说成了"稻草"。

贾玲的电影之所以动人，我想有一个原因：每个人渴望回到从前，弥补过去，但没有人可以回到从前，弥补遗憾。有的只是对过往的留恋，对岁月的悲叹。父母子女是一场有今生没有来世的缘分。爸爸妈妈或许也有过分的地方，但凡他们会对你的不良行为有所反应，至少证明：他们对你怀有期待，他们相信你可以更好。老师是凡人，也会犯错，也有不理智的时候，但是一个和你们毫无血缘关系的外人愿意把自己的非工作时间花在你们身上，会为了你们的进步而高兴，退步而忧心，我想至少不应该换来恶语相向和肆意诋毁吧。

《孟子》："是非之心，智之端也。"

《战国策》语曰："仁不轻绝，智不轻怨。"

我愿意相信，这样的同学，只是一时冲动。家长越位、老师让位、孩子错位，这是教育的悲哀。这悲哀的承受者最直接的是我们自己。

沈腾还有一部电影《夏洛特烦恼》，里面有这样一个"片段"：

沈腾扮演的夏洛穿越到了自己的学生时代，大闹课堂，带头把曾经给自己的成绩排名、骂自己笨的王老师揍了一顿，一泄心里的怨气。后来，他被小混混围殴，王老师出手相救，他这才知道老师有一身好功夫。他不解，老师当初在课堂上打不还手。老师说："I'm a teacher."

《你好，李焕英》最打动观众的一些台词：

打我有记忆起，妈妈就是个中年妇女的样子，所以我总忘记，妈妈曾经也是个花季少女。

我想说：孩子们，你们正值花季的好年华，请让自己的花季美好一些。爸爸妈妈会从你们身上看到曾经的自己。

我当你一回女儿，连让你高兴一次都没做到。

我想说：家长们，孩子有孩子的想法，能和你"不谋而合"太不容易，只要是条正道，就请给他祝福和支持，告诉他——我为敢想敢拼的你高兴！

其实人生就是不断地放下，然而难过的是，我都没能好好地和他们道别。

我想与大家共勉：过去的已经过去，现在和未来属于我们，让明天的我们好好地与今天告别。

我希望我们的家长、孩子、老师都能够成为一个理智的白马湖人，理智地在自己的位置上站立。

年轻人，你的职责是平整土地，而非焦虑时光。你做三四月的事，在七八月自有答案。

做一个眼里有光的白马湖人

2021年9月

"云天收夏色，木叶动秋声。"梧桐叶悄然坠地，盛夏已过，东京新国立竞技场奥运圣火也已缓缓熄灭。

这个夏天，最火热的事件当数东京奥运会。在疫情的克制和牵绊下，各个比赛场馆内虽然不再有人潮汹涌的呐喊和欢呼，但那些令人揪心的赛点、让人遗憾落泪的失金、解说员高声喊出"漂亮"的骄傲、国旗升起、国歌奏响时的泪眼婆娑……都留在了这个夏日。关于运动员背后的故事，那些比金牌本身更耀眼的点滴，也慢慢进入了我们的视野。

镜头一：求真

杨倩，这位"00后"的清华学霸，为中国夺得首金，并一举摘得两块金牌。退去奥运光环，重返生活，她和我们一样，是一个喜欢在微博上分享点滴日常的女孩，坦荡地展现自我，有着微澜的喜与忧，真实而简朴，纯净而明亮。

但她所取得的亮眼成绩，又让人觉得与她的距离是那么遥远，这就是传说中"天赋"的距离？

回顾女子10米气步枪决赛环节，杨倩凭借超稳的心态逆转局势。心态之下是实力的展现。往日千锤百炼的实战训练，让她在最后一刻沉下心来锚定射击的要点，抓住了注入灵魂的肌肉记忆。

原来，"天赋"的距离，就是"训练"的差距。

再来看14岁的跳水小将全红婵，在奥运会决赛现场创下了3个满分的纪录。人人都说全红婵是老天爷赐给跳水界的礼物，可精心打磨这份馈赠的工具仍掌握在全红婵自己手里。

金牌的背后是无数个日子里的真实汗水，唯有将玄妙的天赋化为日复一日的训练，才能由"天才"变为强者。

运动员的目标是冠军，白马湖学子的目标是中考。校训中的"崇实敏行"，时刻督促着我们"不驰于空想，不骛于虚声"，以求真的态度做脚踏实地的努力。

白马湖人的眼里，需要有求真、律己的光芒。如何"求真"？

先考同学们一个问题：为什么"亭台楼阁"要把"亭"放在首位？

这个问题，很多名校建筑专业的高才生都未必答得上来。因为"台""楼""阁"都包含了"亭"的结构，所以把"亭"放在首位。亭的形态是四根柱子加个顶盖，亭的本质就是庄子所说的"虚者，心斋也"。中国建筑的本质在于"虚"，讲究和大自然的开敞互通，蕴含的是道家文化里"虚静"的智慧。老子认为，人要保持虚静之心，不受环境影响，不屈服于环境。在追求真理、坚守自己的过程中，你首先不能被外界所影响，人云亦云。要有虚静之心，方能坚守初心。

除了"虚静"外，还有"慎独"。何为"慎独"？就是当独自一人时，也能表里一致，严守本分。车马和书信都慢的年代已经成为历史，浮躁和焦虑成为5G时代的常态，在这样的背景下，慎独自律，可以帮助我们修己安人，脱颖而出，成就大事。

镜头二：求善

尽善尽美，是中国传统文化对事物发展最终极的追求。奥运赛场上竞技类项目的尽善尽美便是打好每一个球，做好每一个动作，最后完美谢幕。

乒乓球小将孙颖莎在一项赛事半决赛第二局一度以3比9落后，最后连追8分，拿到第二局的胜利。逆境之中，莎莎放下了所有顾虑，专注于打好每一个球。

"把细小的事情做到极致"，同样是白马湖人制胜的绝招：小到每一次作业的订正与复盘；大到每日常规的落实，每一堂课、每一个知识点的扎实跟进。正因如此，我们的每一天，才能遇见更好的自己。

"继续向前！走吧，走吧。毕竟没有什么比梦想更值得坚持。"这是东京奥运会女子铅球冠军巩立姣面对奥运延期时，对自己所能做的最大鼓励和最大的安慰。逆境时，善待自己；顺境时，善待他人。只有这样，我们才能在苦难中怀抱希望，在冬天里看到春天，沿着唯一的熹微曙光，走向光明。

被日本国民寄予厚望的游泳运动员池江璃花子抗争白血病，最终走进了东京奥运会赛场。虽然并未站上领奖台，但是她踏进奥运赛场的那一刻便足以令人动容。更让人感动的是，收获这一项目金牌的中国选手张雨霏在赛后主动拥抱了池江璃花子，向她致敬，并向她发起亚运相见的约定。就像辜鸿铭老先生说的："在我们中国人身上，有其他任何民族都没有的、难以言喻的东西，那就是温良。温良不是温顺，更不是懦弱，温良是一种力量。"

白马湖人的眼里，需要有求善、温良的光芒。

温良是一种"已识乾坤大，犹怜草木青"的同情和悲悯之心。

今年夏天，郑州暴雨。鸿星尔克捐款5000万元。这个2020年营业额只有28亿元，净利润为负2亿元，日子过得紧巴巴的企业，却倾囊捐出了最大数额。于是，"鸿星尔克直播间野性消费"占据了热搜。这个渐渐被遗忘的国货品牌凭着"温良"，又重新被认识。

少年们，你们的肩上有的不仅是清风明月，还有责任担当。我想，今天学校教给你们的除了知识和技能外，还有"少年徒手摘光"的勇气、不忘向善的品质，以及懂得如何担得起这个国家、社会、历史的责任。

镜头三：求美

东京奥运会后的《巴黎八分钟》里，我们跟随着镜头穿行在巴黎：古典厚重的巴黎圣母院、恢宏庄严的埃菲尔铁塔、沉静如练的塞纳河……一呼一吸间都是法国人的浪漫诗意。

回想2008年北京奥运开幕式，古老的日晷叙述时间的故事，漫天的繁星汇聚成闪闪发光的星耀五环……中国人独有的梦幻与想象，让全世界人民见证了华夏民族的悠悠五千年。

正如白马湖人的眼里，还有着求美、执着的光芒。

"天马行空，崇实敏行。"脚踏实地是我们的底色，而天马行空则带着我们走向更广阔的天地，拥有更丰富的见识和更宽阔的胸怀。

《觉醒年代》是一部充满中国式美学的经典影片。它获得第27届上海电视节白玉兰奖8次提名，被称为"封神之作"。这得益于幕后团队对历史真实的年轻化表达，对细节品质的极致追求。

为了真实还原陈独秀居住的箭杆胡同，导演组选择整体重新搭建整个箭杆胡同。由于横店拍摄外墙都是画出来的，为了追求质感，剧组选择重新贴砖、做旧、打磨，一点点勾勒出富有年代感的砖缝。单是陈独秀家门口的一条土路，就用掉了100多吨渣土和黄土，来回掺和搅拌，然后再用马车反复碾压，直到第三天才勉强压出富有年代感的车辙来。

还有一个细节，就是这部剧里的鞠躬礼。即使师生意见不合，学生愤然离开课堂，老师和学生之间依旧相互鞠躬。这种细节超过了礼仪本身的存在，是刻在骨子里的修养和尊重。它让那段尘封的历史，那些写在历史书里冷冰冰的名字变得生动鲜活。

那些从细节雕刻出来的美感，就是我们常说的"把细节做到极致"的力量。

求真、求善、求美，白马湖人眼里的光芒，皆是为"信仰"而生。

有信仰

不论是1932年"单刀赴会，万里关山，此刻国运艰难，望君奋勇前行，让我后辈远离这般苦难"的刘长春，还是2021年以9秒83的成绩让世界见证了中国速度、一战封神的苏炳添，这些振奋人心的搏斗旋律，都唱响了"祖国的荣誉高于一切"的赞歌。

奥运精神，敢拼敢闯，运动健儿们在接受采访时都会骄傲地说："我是中国运动员……"这一往无前的底气来自强大的中国。同样地，白马湖学子的底气来自他们深爱着的白马湖校园。

这个夏天，白马湖学子出征皮划艇、龙狮锦标赛，斩获佳绩。他们的背后是强大的白马湖学校，受着白马湖文化的熏陶，他们带着白的纯净、马的拼劲、湖的沉静，沉着冷静、勇往直前地面对一切挑战。

无论是风霜雨雪还是寂寂黑夜，坚持求真、求善、求美，做一个"眼里有光，心中有信仰"的白马湖人，脚踏实地地迈过三年浩渺宽阔的湖面，迎接你们的彼岸世界必然是繁花似锦。

少年们，带着眼里的光去践行你们的信仰吧！

⊖ 军训誓师系列

做一个有血性的白马湖人

2017年8月

还记得在杭二中箴华音乐厅我们谈到的《三生三世十里桃花》吗？很不幸，这个暑假，我很期待的这部温情浪漫的电影被另一部满屏燃烧荷尔蒙的电影全线碾压。另一部小鲜肉、小花旦遍地，在拍摄的时候就已经火得一塌糊涂的主旋律影片更是以十倍之差的票房成绩被它碾压得连渣渣都不剩。坊间传言：半个娱乐圈抵不过一个吴京。

我想，大家一定知道这部电影的名字——《战狼2》。

截至13日22：00，《战狼2》累计票房45.416亿元人民币。根据美国票房数据显示，《战狼2》全球票房已超过《蜘蛛侠：英雄归来》《阿甘正传》全球票房，成功跻身全球TOP100票房影片榜。这是亚洲电影首次入榜，打破了好莱坞电影对该榜的垄断。导演兼主演吴京圈粉无数，成为本年度当之无愧的铁血硬汉、最精导演。评价《战狼2》时，几乎每家外媒都把它比作中国版《第一滴血》，冷锋在他们眼里就是"中国兰博"。

置身电影的硝烟中，看着为救同胞以命搏命的冷锋，我想到了这样一句话——"热血好男儿，铁肩担道义"。我希望我们白马湖人亦如此，我希望在白马湖军训团三营的战士们身上也看到这样的血性、这样的担当、这样的狠劲。我们的男生是真男儿，我们的女生不让须眉。

军人的使命是保家卫国，护国尊严，爱民生死，拯救世界。冷锋的一曲英雄主义战歌唱出了西风猎猎，唱出了红旗飘扬，唱出了中国军威。活着，就要拯救这个世界，这是李云龙式的英雄宣言，也是"一朝是战狼，终身是战狼"的英雄宣言，还是冷锋孤胆义肝，背负使命继续活下去的英雄宣言。这段时间，某国不断骚扰我国边境，"犯我中华者，虽远必诛"，全民的爱国激情再一次被点燃。

《战狼2》唤醒了多少热血青年、爱国同胞，让国人知道在物质丰富的生活里，我们所缺少的是信仰、责任、民族自豪感、国家认同感。我们不是生活在一个和平的时代，而是生活在一个和平的国家。在这个和平的国家里，需要英雄——需要全民崇拜的英雄，需要那种危难时刻敢于亮剑、敢于出手的好男儿、真英雄。有了这样的情怀，才会有义无反顾、勇往直前的精神与勇气，而这样的精神就是"战狼精神"，就是"亮剑精神"。在你们身上，我一直相信有这种潜质。让我们在此次军训中，把它点燃！

当只有一架飞机，众人正为谁先走的问题纠缠不清时，冷锋说出了这句话："妇女儿童上飞机，男人跟我走！"当冷锋喊出这句话的时候，我脑海里立刻浮现的是诺曼底号的哈尔威船长，那个英雄的老船长，说："哪个男人胆敢在女人前面，你就开枪打死他！"

我们即将要学到一篇课文《植树的牧羊人》，那个叫艾力泽·布菲的植树牧羊人用几十年的时光将荒山变成青山，将沙漠变成绿洲，他活着的全部意义在于以一己之力改变这个世界。改变这个世界，是普通人的英雄情结；拯救这个世界，是战狼们的英雄情怀。

无论是改变这个世界，还是拯救这个世界，其前提定然是笃志无私、忘情热爱。今天，在这里，我们是杭州二中白马湖军训团三营的一名战士。这是年轻的战场，这里没有战火硝烟，却同样艰苦卓绝，气壮山河；这里没有枪林弹雨，却同样要勇于向前，流血流汗；这里没有浴血拼杀，却同样军令如山，英雄辈出。同学们，让我们做一个有血性的白马湖人！

战士们，六天后的此时，我等你们凯旋！

做一个铁纪柔情的白马湖人

2018年8月

四年前的今天，白马湖一营在这里诞生，白马湖在杭城崭露头角。今天，白马湖四营在这里诞生，想必将再一次惊艳。

战狼的辉煌与战绩我们将继续书写。

"军魂白马湖"课程是我校初一新生的必修课程。课程的内容，我想大家并不陌生，甚至有些项目已经让大家跃跃欲试了，比如冲水枪、扛圆木、翻越狼王峰。每个人心里都有一个英雄梦，有一个血性爆棚的自己。我要说的是，这不是游戏，这是军训。这一周，我们是一名军人，是白马湖军训团四营的一名战士。

战士的天职是什么？服从命令。六天后，我们以军人的姿态离开，我们带着军人的荣耀归来。团队的魅力是什么？荣辱与共，情同手足。六天后，我们将成为一支钢铁般的队伍，成为一群铁纪柔情的白马湖人。

钢铁般的队伍靠钢铁般的意志与纪律铸就。纪律是忠诚、敬业、战斗力和团队精神的基础。对一个团队而言，没有了纪律，便没有了一切。我们此次活动的目的之一，是学习解放军一切行动听指挥的严明组织纪律性。

纪律决定执行力。纪律首先是服从，个人服从组织，少数服从多数，下级服从上级。

纪律保证战斗力。团队是所有团队成员的集合，每个成员都有自己的理想和行为。军训中，我们要力求避免个人思想和行为的干扰，要步调一致，纪律的约束不可或缺。如果没有纪律作保障，团队就会变成一盘散沙，各行其是、各自为战、我行我素、没有秩序，削弱甚至是失去了整体战斗力。

有严明的纪律组织才具有强大的凝聚力，才能形成坚强的战斗力。军旅歌曲唱得好："纪律中有我，纪律中有你，纪律中有无穷的战斗力。"从今天开始，我们不是一个个班级，而是一排排士兵。军人的血性、狼性，军人的担当、使命，将成为我们的气质。

1945年的今天是一个彪炳史册的日子。同学们，知道吗？那一天，日本天皇发布诏书，宣布无条件投降，抗日战争结束。其实，我们与日本的较量从未结束。我们不能忽略世界杯日本球员与球迷给全世界上的那一课：日本在1/8赛中出局后，国际足联官员晒出了日本更衣室照片。球员在离开前将更衣室收拾得十分干净，并留下一张纸板，用俄文写着"谢谢"；比赛结束后，日本球迷含泪自发地捡垃圾，收拾场地。这样的自律不得不让人佩服。

我们像需要阳光、空气和水分那样需要自律，像维护自己形象、尊严和荣誉那样维护纪律、执行纪律、严守纪律。"加强纪律性，革命无不胜。"纪律是学业能否发展的保证，是人生是否成功的保证。遵守纪律不仅要表现在观念上，更要表现在行动上。从自律到自觉行动，是一种境界，也是一种智慧，它会大大提升一个人的执行力，提高执行的效果。

铁一般的纪律坚决执行，铁一般的团队不可阻挡。还有我们水一般的柔情将我们锻造。我们将会收获战友情，一支队伍一群人，一群人一起拼；我们将会收获室友情，一个寝室一伙人，同吃同住同学习；我们将会收获师生情，班主任成了指导员，生活老师朝夕相伴，教官时时教导……这些情谊将与我们三年相伴，不离不弃。这样的柔情让百炼钢化为绕指柔，这样的柔情让我们练就的铮铮铁骨血肉丰满、灵魂充盈。

还记得新生见面会上我们的"白马湖之芯"吗？军训的修炼将让我们更加优秀、更加智慧、更加丰富！

未来的六天里，我将看到我们的白马湖之兵羽翼渐丰！战士们，我等你们凯旋！

做一个纪律严明的白马湖人

2019年8月

今天，我们白马湖人在此集结，开启我们的"军魂白马湖"课程。我们的初中生活从军训开始，从成为一名战士、一名军人开始！

严守纪律，是军人职业的应尽义务，也是军人道德的基本要求。纪律严明，是军队团结统一、能打胜仗的重要保证。古今中外，任何一支军队都非常强调纪律。军队只有纪律严明，才能步调一致，形成强大的战斗力。自觉的、铁的纪律是军队的优良传统和政治优势。

井冈山斗争时期，毛泽东同志就为红军制定了三大纪律八项注意，强调"加强纪律性，革命无不胜"。现代战争条件下，信息化程度高，体系性强，作战空域大，参战力量多，联合协同事项繁杂，军队更加需要严明纪律、令行禁止。

同样，如果我们初一年级是一支军队，那么我们的战场就是我们面临的每一个明天。现代战争升级，现代社会的竞争，同样如此。

"没有规矩，不成方圆"，守得规矩，可方可圆。纪律给予我们多少战斗力，我们就拥有多少自由度。

严守纪律必须从细节做起，注重平时点滴养成。要从一件一件的具体小事做起。"小洞不补，大洞吃苦。"君子慎独，把细小的事情做到极致就是绝招。只有防微杜渐，在无人时、细微处不放纵、不逾矩、不越轨，才能真正做到"不忘初心，方得始终"。

遵守纪律，将成为我们白马湖人的习惯动作。遵守纪律贵在自觉。军队之所以有力量，是因为所有参加这个军队的人，都具有自觉的纪律。严守纪律不仅是外在要求，更是内心追求；不是被动接受，而是主动践行。遵守纪律没有特权，执行纪律没有例外。

今年7月，我们诵读着《我希望我成为一个优秀的人》，正式成为一名白马湖人。优秀，是因为决心大、付出多。人与人的差距，始于初心，止于行动。没有谁一定比别人聪明，也没有谁一定比别人优秀。但是，只有自己优秀，才能和优秀的人在一起；只有和优秀的人在一起，才能让自己更优秀。

"古之立大事者，不惟有超世之才，亦必有坚忍不拔之志。"9月将至，白马湖军训开启。军训的意义，不仅是增强国防意识与集体主义观念，继承和发扬军人的优良革命传统，也是磨砺顽强的意志，培养高尚的情操；培养团结互助的作风，增强集体凝聚力和战斗力；提高生活自理能力，培养独立思考能力，养成严格自律的良好习惯。

军训作为初中生活的第一课，是同学们增长才干的好机遇，也是对同学们意志品质的大挑战。军训的集结号吹响，我们白马湖生活的号角也已吹响。

最近，听到很多在杭城各知名高中就读的白马湖人说："经历了白马湖的军训，这都不是事儿！"我相信，六天后的你们，也将拥有同样的底气。这六天，做一个纪律严明的战士，建一支所向披靡的队伍——白马湖之雄兵，白马湖之铁军！

最近，那个挂着黑眼圈、两手叉裤兜、吊儿郎当的丧小孩——哪吒，火爆了朋友圈。我趁空闲，也去刷了这部电影——《哪吒之魔童降世》。以这个形象的哪吒比喻现在的你们：在调皮捣蛋、顽劣的外表下，其实拥有着一颗期待被认可的心。于是，他踏上了一条艰难的成长之路。在三年的时间里，他打破偏见，和命运抗争，在父母和老师的爱和宽容中，克服魔性，逆风翻盘。我希望三年后的你们，能像哪吒一样，脚踏风火轮，手拿乾坤圈，在火焰中变成三头六臂的本来模样，发挥出自己真正的天赋、实力，一飞冲天。呐喊一声："没有人有权定义我的人生，自己是谁，自己说了才算！"弱者听天由命，强者逆天而行——在白马湖，活出真我！

做一个精神明亮的白马湖人

2020年8月

今天在这里吹响了"白马湖军训团"六营的集结号，也将开启你们白马湖初中生活的第一课。在这之前已经走出了五届"军魂白马湖"的精英，我相信五天后，你们也必将以军人的姿态出营，带着军人的荣耀归来。这是我们白马湖应有的气质和精神。

同学们，一个人是需要一点精神的，一个国家、一个民族同样如此。"天行健，君子以自强不息"是一种精神，"捐躯赴国难，视死忽如归"是一种精神，"书山有路勤为径，学海无涯苦作舟"是一种精神……这"一点精神"正是人生追求的高标和生命的活力。

我前几天读到一则世界上独一无二的校训，让我潸然泪下："我们的身体、飞机和炸弹，当与敌人兵舰阵地同归于尽！"是的，这是抗日战争年代的笕桥中央航空学校校训。这个学校培育了中国第一代飞行军官。学员们大多含着金汤匙出生——出身名门望族，有的是归国华侨，有的刚考上清华，一个个英武潇洒，前途无量。他们中，有林徽因的三弟林恒，有中国"兵工之父"俞大维的儿子，还有南开大学校长张伯苓的幼子……他们是真正的天之骄子，本拥有无数人艳羡的一切，为了抗击日本侵略者，一共有1700人冲上天空参战，用自己的一腔热血，击落、撞击日军战机超过1200架。在抗战期间，1700人一个一个都变成墓碑上冰冷的名字，而他们殉国时的平均年龄，只有23岁……他们是我们中华民族的英雄，是路标，是丰碑，是一份份可敬可畏的信念。我们不仅要记住他们，更要弘扬他们所流淌的民族精神。

白马湖的精神印记在我们的校训上："天马行空，崇实敏行。"

"天马行空"代表每一位白马湖学子，都如同一匹天马，思维飘逸灵动，肆意驰骋，拥有不拘一格的想象力和不落窠臼的创造力，壮志凌云，必将在这里"遇见更优秀的自己"；"崇实敏行"一词则秉承杭二中的实干精神、脚踏实地、刻苦学习，"敏行"二字出自《论语·里仁》："君子欲讷于言而敏于行"，即君子应当是说话谨慎、做事敏捷的人。

"古之立大事者，不惟有超世之才，亦必有坚忍不拔之志。"如天马的你们需要纪律的约束，需要接受困苦的磨砺。军训就是对我们的磨炼和洗礼，也是我们身心成长的大挑战。

从今天开始，我们不是一个个班级，而是一排排士兵，我们要用军人一切行动听指挥的严明组织纪律，用军人的担当和使命，铸就我们白马湖的精神气质。

从今天开始，我们要认真做好每一个动作，克服每一道难关，用军人的血性、狼性，检验白马湖"把细小的事情做到极致就是成功"的行为准则。

从今天开始，我们不再是一个人，而是一个整体，要用顽强的意志和坚定的信念来学习军人团结协作、吃苦耐劳、顽强奋斗、甘于奉献的精神。

我希望白马湖初中走出来的每一位学子都是精神明亮的人，具有血性、灵性、理性，有爱国情怀、英雄情怀、悲悯情怀！

在未来的五天里，我将看到我们白马湖又一支雄军横空出世！

战士们，我等你们凯旋！

做一个真正的白马湖人

2021年8月

尊敬的各位教官、老师，亲爱的同学们：

"手持铁锤惯飞舞，盖世英雄诚未睹"——

举重冠军谌利军让我们见证了逆风翻盘的奇迹；

"桃花影落飞神剑，一剑光寒定九州"——

击剑冠军孙一文让我们目睹了英姿飒爽的自信；

"除却君身三重雪，天下谁人配白衣"——

"00后"清华学霸杨倩让我们领略了沉静果敢的魅力。

"中华儿女今舒畅，'东亚病夫'已健康。"

挥臂掷脚天地应，英雄气概天下颂。

今年盛夏，我们的爱国情感再次被点燃：

刀光剑影，侠客无双；

枪林弹雨，铁血丹心。

我们不是生活在一个和平的时代，而是生活在一个和平的国家。

国家有力量，民族有信仰。

有了这样的情怀，就有了一往无前、所向披靡的勇气。

今天，我们吹响白马湖军训团七营的集结号，开启你们白马湖初中生涯的第一课。之前，白马湖军训团已经走出六届"军魂白马湖"的精英，相信几天后，你们也必将以军人的姿态出营，带着军人的荣耀归来！这是我们白马湖人应有的拼劲、气质和精神！

幼苗不经历风霜洗礼，怎能长成参天大树；雏鹰不经历狂风骤雨，怎能飞上万里苍穹；年少的你不经历艰苦磨炼，怎能成为国家栋梁！"智者积蓄着淳朴宽忍，信仰着桀骜不驯，选择坚强。"就像我们的国乒三剑客、六边形战士一样，只要保持顽强的意志、坚定的信念，就一定能战胜自己，成为自己的英雄！

1932年，当时的报纸这样写道："我中华健儿，此次单刀赴会，万里关山，此刻国运艰难，望君奋勇向前，让我后辈远离这般苦难。"今天，我们后辈感慨：此赴东京，国运昌盛，吾辈健儿雄姿英发，奋勇拼搏，频频折桂，已具傲视群雄之姿。

"桐花万里丹山路，雏凤清于老凤声。" 3跳满分，14岁跳水冠军全红婵；戏精本精，16岁体操冠军管晨辰；莎气藤藤，00后"小魔王"孙颖莎……"少年自有少年狂，心似骄阳万丈光。""白"的纯净，"马"的拼劲，"湖"的沉静——在你们身上，我同样看到了这样的潜力。让我们在此次军训中把它点燃！等你们凯旋！

第二节　非常态瞬间：白马湖人这样做

2020年初，一场突如其来的新型冠状病毒肺炎疫情打乱了所有人的生活节奏。然而，从2020年1月22日19时44分，滨江教育发布紧急通知，部署新型冠状病毒肺炎疫情防控工作开始，白马湖人就进入了"抗疫"时间。

2020年1月23日14时21分，白马湖初中部成立疫情防控领导工作组。各部门、各年级针对做好新型冠状病毒肺炎疫情防控应急工作，出台疫情期间安全管理和检查制度、疫情期间消杀工作安排、空中课堂开课方案、德育工作安排、团队工作安排、心理工作方案等相关制度与安排，储备不同类型口罩2900个。

2020年1月23日22时11分，白马湖初中部公众号发布《预防新型冠状病毒告家长书》，敬告白马湖家人们科学看待疫情，重视自我防护。

2020年1月25日起，白马湖初中部全体老师开展空中课堂备课工作，备课总量近500节，为给学生真正的私人订制版"个性化学习"做好充分准备。

2020年1月26日起，白马湖初中部自查湖北籍学生及家长，并每天关注学生动态。陆续增加统计温州、台州籍学生及家长，并及时在工作群中统计和汇报。

2020年1月27日22时53分，白马湖初中部公众号发布《关于推迟开学告学生与家长书》，并做了"预防新型冠状病毒五个要点"和"日常卫生保健三字经"温馨提示。

2020年1月27日22时44分，《都市快报》发布杭州接受社会捐赠渠道。

2020年1月28日19时28分，白马湖初中部党员积极捐款捐物，共计14940.8元，驰援武汉。截至2020年1月31日24时00分，白马湖初中部学子在老师的榜样引领下，自发捐款共计115624元，并纷纷写下"抗疫必胜！""白马湖学子为中国加油！"等留言。

2020年1月29日23时53分，白马湖初中部公众号发布《"宅"在家里也要"练"——白马湖健身指南为你支着》，让暂时无法出门的白马湖人勤锻炼，享有比较好的生活质量。

2020年2月7日10时57分，白马湖初中部公众号发布《心灵相伴，静待春暖花开——杭州二中白马湖初中部心理防疫指南》，通过在线咨询等方式，帮助师生进行心理调适。

疫情期间，白马湖人组成了白马湖"抗疫"共同体，接过了时代的接力棒。

普通的白马湖人，可以做些什么

2020年2月

亲爱的白马湖家人们：

我从来没想过，寒假过后我们以这样的方式"见面"，真的是"见字如面"；我也从来没想过，我今天会以"朗读者"的身份开启学校的第一课；更是谁也不会想到，待在家里就是对抗击疫情最大的奉献和牺牲，守家就是守阵地。这个寒假注定是不寻常的，一波猝不及防的疫情偷袭了2020；这个春节注定是不平凡的，我们与史无前例的入侵者争夺新春，夺命的病毒夺走了中华儿女一年中最重要的传统节庆。非常时期，特殊时段，"新型冠状病毒"这个组合不久的新短语，如钢针刺入头颅，让人痛心入骨，时时充斥在耳畔，晃在眼前，肆虐着中华大地。这是一场春天的战斗。我们的白衣天使和人民子弟兵选择逆行，慨然出征，在一个没有硝烟的战场上护卫着我们的生命和健康；无数有良知的公民捐款捐物，奉献爱心。或许我们都在逾越冬天，等待春天。古人有言：殷忧启圣，多难兴邦。这不由得使我想起了叔本华在《比喻和寓言》中描绘的一道自然风景：在成熟的玉米地里，除了沉甸甸的玉米棒子外，还有一些结不出果实的、没有什么用处的、各色的花朵，相比于玉米棒子，这些花朵不过是杂草而已，但正是这些花朵才使这里的景色平添了妩媚和艳丽。是的，在这场争取生命的战斗中，作为普通的白马湖人，我们到底可以做些什么？

虽然疫情来得令人措手不及，随着"假期余额"不定期地"被充值"，我们的中层团队马不停蹄：一封《请收下这份提醒——告家长书》拉开了防御战的序幕，从七零八落的琐细的"日常"，提醒白马湖家人用自己的坚持去改变日常中不够美好的部分。成立疫情防控领导小组，做好防控所需物资的储备，仅口罩就储备了2900个，其中初一（2）班的温智棋爸爸捐赠了600个。建立疫情汇报制度，摸排跟踪制度，编制心理防疫指南，停止一切中小队假期活动……各部门各条线，制订了详细的开学方案。

被迫延后的开学时间，也在诉说着令人揪心的事实。然而，白马湖学校的老师在行动，众志成城，造福学子，共克时艰。1月24日除夕日，结合学校已有的平板联云课基础，在线编制和录制初一至初三年级的各学科网上课程。截至今日，白马湖学校的老师们已在家中紧张而有序地进行了多日的筹备和训练，准备课程400多节，真正做到私人订制版"个性化学习"——停课不停学，不落下每一个孩子，不落下每一节课。在疫情面前，白马湖老师能做好的就是让爱在课程中延续和传递，这也是对当下疫情攻坚战的最好支持——我们用知识迎接希望。

白马湖的学子在行动——"凡人小事温情系列"。有宅家运动倾情教学片段（运动篇）；有审视日常的生活态度（自省篇）；有写给2020春节的三行情诗（希望篇）；有一封信从滨江寄往武汉，比光还快（两地书）；为什么我的眼里常含泪水，因为这些文字饱含真情（感动篇）……我们用自己的方式，传递着温情：只要心中有光，世界就会被照亮——隔离不隔爱，封城不孤城。

白马湖党员、团队员在行动。疫情"捆缚"了我们，不得不说我们的正常生活受到了疫情非正常干扰。这个春节所有的公共场所，都关闭了欢乐和热情。我们懊恼于一场旅行、一次聚会化为现实的虚无，我们心烦于和武大的樱花、北大的未名湖、上海的明珠塔、云南的香格里拉、非洲的好望角、美国的拉斯维加斯等失之交臂。我们也错愕于这场对手是"新冠"的战争并不会立马偃旗息鼓。但是，总是有这么一群人，他们无时无刻不在表达一种弥足珍贵的能力，用自己的行动诠释着无私的德行。1月28日，《都市快报》发布"抗击疫情，杭州接受社会捐赠渠道"，全体党、团、队员，自愿参与捐款，当天共捐了130564.8元。白马湖人的爱，正在这场接力中传递着。我时常想：这世界上总有一些小人物，推动我们做一些非如此不可的事情。很多时候，人不是为了成为英雄或者是为了怎样而去做一些事情，而是因为非如此不可。于白马湖，我们有一分热，便发一热，若我们是灯火，则希望能照亮"白马湖"三个字，由灯火汇星河。

白马湖以它独有的魅力创造着学生培养的"白马湖气质"，教师发展的"白马湖模式"，专注于融入骨髓的"白马湖细节"，身体力行地实现着"白马湖式的优秀"。作为和白马湖一起成长的教育人，我深刻感受到源自内心的相依相长。

有形的现象总会与无形的思想存在一种根本关联：一场疫情，给了我们哪些启示呢？

一场疫情让我们明白：身体健康，就是幸福；好好活着，就是幸运；用心善待身边的每一个人。一场疫情，让我们明白：家永远最温暖，家人永远最重要，不管发生什么事情，只要和家人在一起，心就不会害怕，人就不会孤单。一场疫情让我们明白：人性的真善美不是传言，无私奉献的人真的存在。国难当头，充满危险，医务人员、人民子弟兵冲锋在前，向魑魅魍魉病毒亮剑斩凶。没有这些伟大的逆行者守护，就没有我们今日的健康和平安。大爱无疆，大医苍生。

一场疫情让我们善于铭记历史。历史考验着一个民族的智慧，考验着一个民族是否正在从愚昧走向文明，走向开化。但历史总是惊人的相似！黑格尔说："人类从历史中学到的唯一教训，就是人类无法从历史中学到任何教训。"

一场疫情让我们懂得敬畏生命。生命是多么深邃的话题，它包含着人世间一切最极致的体验。生命可以是能够被毁灭、但不能够被打败那般顽强，也可以是"亦余心之所善兮，虽九死其犹未悔"那般博大。生命本身的存在，不就是一件美好的事情吗？我这里特别推荐一本卡森《寂静的春天》。正如书中所说，使这个受损害的世界的生命无法复生，是人们自己使自己受害。

当然，一场疫情，对"为什么要读书"给出了最好的答案。曾经有学生问我"为什么要读书"，我给出了"要成为出色的大人"的答案。新冠疫情暴发，我们期盼着医术高超的救星出现。当钟南山院士挺身而出、寻找病毒的源头、擒拿蛰伏的死神的时候，我们仿佛看到一道金光透过黑压压的乌云直射下来，洒在我们每个人的身上，给我们无限的希望，我们才深刻认识到，这才是我们应该追捧的大明星。如果现在你再问我"为什么要读书"，我可以坚定地告诉你：要做一个像钟教授那样有知识的人。知识不仅能改变我们的生活，还能救人于水火中。读书是一种责任。

在武汉方舱医院里，有一个年轻的留美博士后成了媒体关注的焦点。这名男子半躺在病床上，手里捧着一本书在读，背后呈现的是医务人员紧张的状态。非常时期，很多人都宅在家里，刷抖音看视频，静不下心来读书。可在特殊的环境中，却有人依然在气定神闲地读书，这让我们看到了阅读的力量。

我希望同学们在白马湖能够遇见更好的自己。在老师的陪伴和引领下，滋养生命的气象。爱自然，自觉参与垃圾分类，保护环境；爱社会，勇于扛起社会责任；爱人类，深刻认识"人类命运共同体"的道义与担当，以及中华儿女血脉相通、生死与共、战无不胜的中国精神。

让我们一起为被病毒困扰的人们祈福，祝福他们早日康复！让我们一起为亲爱的祖国加油！风雪的洗礼，必将引来中华儿女的坚韧不拔和祖国家园的笑声朗朗。

第三节 点亮"燃灯者"：致白马湖家人

有人说，教育的本质不是把篮子装满，而是把灯点亮。教师就是那个"燃灯者"，从事着人点亮人的事业。点亮的意义在于打开视野，看到更远处的世界；在于触动内心，释放出行至更远的力量。一名优秀的教育者能点亮学生，而一名优秀的教育者本身，也需要被点亮。

学校是由无数个体组成的大集体。只有这个集体里的每一人，都如星星般被点亮，才能汇聚成一团火，学校也才能真正成为有共同理想信念的集体。

一封家书，纸短情长，只为点亮"燃灯者"。"志之所趋，无远弗届"。

在白马湖采撷微笑

——2016年新春致教职工家属的贺信

尊敬的教职工家属朋友：

凯歌辞旧岁，瑞雪迎新年。值此新春佳节来临之际，衷心祝您节日快乐！

作为一所区教育局重点扶持的初中，作为一所新建的民办学校，刚过去的五个月对白马湖学校来说非同寻常。2015年是我校名校备战目标的第一年，也是我们经受各种考验、克服重重困难、取得发展性成就的一年。

这一学期，我们全校教职员工齐心协力乐观奋进、把握机遇乘势而上，白马湖学校一跃成为令整个杭州教育界瞩目和震动的新兴学校，成为许多名校关注的竞争对手。我校荣获第十届浙江省教师读书征文优秀组织奖，建立了杭州市第一支学生橄榄球队，被授予杭州市教育局家长学校总校"智慧家长电影课堂"试点单位，师生个人各类比赛、评比也捷报频传……

骄人的成绩背后饱含着我校教职工辛勤的劳动和汗水，更凝聚着您的关心、支持和奉献。正是因为有了您的付出，我们才能免除后顾之忧，全身心地追求自己的教育梦想。我校的所有荣誉也属于您！与其说我们有一支强有力的教师队伍，不如说我们有一支更宽容、更无私的家属团队！

师者之爱，春风化雨；父母之爱，静水流深；夫妻之爱，画眉举案。无论多晚都为我们亮着的那盏灯、热着的那碗汤、温着的那杯水，无论何时都给予我们的额首、微笑、拥抱，那无论何处都不停歇的大拇指、宽臂膀、热心肠……

那被我们的倔强染白了的青丝，那被我们的青涩引发出的叹息，那被我们的纠结、任性压弯了的脊梁，还有那被我们追梦的脚步踩出的皱纹……如果说教育是爱的事业，如果说今日的我们算有些成绩，那是因为您，给予了我们爱的源泉。

是你们，让我们有底气做一个执着于梦想的人，做一个为梦想而奋斗终生的人，做一个让梦想在教育的热土上随处开花的人！

感谢我们的家属：因为有您，日子更加精彩美丽；因为有您，生命更加幸福甜蜜；因为有您，追梦、圆梦之旅更有意义……

一元复始，万象更新。2016年，有您的支持和参与，我们一定能再创辉煌！衷心祝福：如意安康，猴福齐天！

"缘"来是福，相遇是福，幸福白马湖

——2017年新春致教职工家属的贺信

尊敬的教职工家属朋友：

2016年在成功和收获的喜悦中渐行渐远，2017年的钟声已然在我们的期盼中悄然敲响。在这个分享快乐的时刻，谨向全体教职工家属朋友致以亲切的问候和深深的祝福，祝愿教职工家属朋友新年快乐，阖家幸福！

2016年，于全体白马湖人而言，是紧张忙碌的一年，是温暖而充实的一年，是付出与收获的一年。这是携手并肩、披荆斩棘、团结奋进、硕果累累、捷报频传的一年。2016年，在各级各类竞赛中，教师获奖近300人次，学生获奖近900人次。在不到两年的时间里，我们白马湖人用一枚枚奖牌、一张张奖状，领跑滨江，耀于杭城。一位家长在朋友圈感言："两年成神一样的学校！初一年级总分平均分超全区111.2分，初二年级总分平均分超全区106.6分。"

我们的成绩是"玩命"拼出来的，也是我们的家属们"舍命"陪出来的。前方的美好让我们激情满怀，为我们遮风挡雨的你们更让我们心怀感恩。白马湖初中部是一个充满爱的大家庭，在这个大家庭里，来自天南地北的教职员工们相互关爱、相互体贴、携手前行，在共同创业和奋斗的过程中，大家同心同德，风雨同舟。

因为有依靠，所以肆无忌惮。感谢你们给予孩子的爱，是你们的宽容和理解，让我们用充足的勇气接受激烈的挑战、使命的磨炼。你们默默无闻的关怀，宽容了多少个日夜不能同聚同欢的心酸，多少个日夜你们为我们牵肠挂肚。你们无微不至的关怀与支持，免去了我们的后顾之忧。你们把最优秀的人交给了白马湖，交给了三尺讲台……我们的老师在学校守候着"别人家的孩子"，以校为家，爱生如子，打造着幸福白马湖。我们的家属们全心守候着"自己的家"。

感谢我们的家属：因为有您，日子从此精彩美丽；因为有您，生命从此幸福甜蜜。感谢有您，您是我们疲惫时最温暖的问候；感谢有您，您是我们生命中最美丽的笑容！当你们全然不求回报时，我们这个世界上最古老的职业才能放出恒久的光彩，我们的生命也才会更有诗意。

辞2016年，我们欣慰满怀！贺2017年，我们蓄势待发！

衷心祝福：愿一切行善之人，健康，幸福！

2018，向着幸福出发

——2018年新春致教职工家属的贺信

尊敬的教职工家属朋友：

2017年1月1日，习大大说"撸起袖子加油干"，那时我们刚刚走过在白马湖的一年半光阴。我们拼出了初现锋芒的杭州二中白马湖学校。2018年的第一天，习大大又说"幸福属于努力奋斗的人"。新年伊始，这时我们各个部门、年级组、教研组正在梳理着自己的"十件大事"，享受着这一年以来奋斗所获得的幸福、甜蜜甚至感伤。花开花落又是一年，你我的芳华又逝一年。这一年，我们不负时光。我们成功开设了35门学社拓展课程，让我们能在活动中张扬个性、彰显特长。我们在创客空间设计英雄城市方案、玩转技术、实现创意，获得杭州市科技节创客第一名——成绩来之不易，实至名归；我们的信奥队获一等奖人数位列杭州市第一，跻身全国第八，更有四位学子以初中生身份参加提高组获得全国一等奖的好成绩，屡战屡胜。2017年全体白马湖人始终坚守光明的初心，始终努力工作着，始终被一种力量牵绊，始终被一种惦记温暖，始终被一种责任召唤。我们在逆境中记得坚守良知，在忙碌中懂得相互关爱。沐浴新年的阳光，一些朝向我们内心的期许会在工作、生活中诞生，一些面向未来的梦想会在白马湖畔升起——祝福我们的期许和梦想，在温暖的白马湖畔栖息和生长！

戊戌年来临之际，我们在给全体教职工送上新年祝福的同时，也向您——长期默默支持、无私奉献的教职工家属们致以最崇高的敬意！并真诚地道一声：您辛苦了！

日复一日，年复一年，我们的教师守护在学生身边，青春从自己的笔尖流逝，挺拔的脊背在黑板前日渐佝偻。为了学生，我们的教职工放弃了太多，也亏欠了家人太多。我们中的很多老师，为了学生，不能在父母膝前尽孝，不能陪伴自己的孩子，更是放弃了很多与爱人相守的时光。作为儿女、父母、爱人，他们也许是失职的；但作为教师，他们是最棒的。

每一位教师背后，都有一个默默奉献的家庭。我们要感谢我们的家属，是你们默默地支持，才使我们的教师没有后顾之忧，全身心地投入工作中去。我们知道，你们的肩上也有沉甸甸的担子。你们是多么希望能够在回家时看到儿女端上一杯热茶，看到父母温暖的笑脸，吃上妻子热腾腾的饭菜，靠靠丈夫宽厚的胸膛，但是，为了支持学校的工作，你们选择了独自承担。你们是我们白马湖人最亲、最爱的家人，你们的付出时时刻刻感动着我们、温暖着我们。

辞2017年，我们欣慰满怀！贺2018年，我们蓄势待发！2018年，做一个最单纯的人，走一段最幸福的路。

15、16，我们一路有爱；16、17，我们一路一起；17、18，我们一起出发，静待花开！2018年，让我们温暖时光，惊艳芳华！

附杭州二中白马湖初中部教师寒假作业：

1.回家陪父母，和孩子聊天玩耍，和爱人约会，弥补亲情的缺位；

2.会亲朋师友，给自己规划一场放松身心的旅行；

3.刷刷看电影，补觉加锻炼，好好休息，调养身体，让自己回归到慢生活的节奏上，提升幸福感；

4.新教师阅读充电，学一个新技能……

我一直希望，站在讲台前的老师健健康康、声音洪亮、精神焕发、阳光生动、耳聪目明。不应该用干涩的喉咙破坏美文的诵读，以衰败的身躯支撑教学的天空……沧桑的表情无法激活学生的思维，灰暗的眼睛又怎能点燃他们心田热爱的明灯？如果长期积劳成疾，又能有多少效率可以送给亲爱的孩子们？爱，需要激情，更需要理智。懂事的学生需要的是身心健康的老师，而不是拖着病体一味用感动来垫高自己的授课者。这，也是教育。

2019，共同追梦

——2019年新春致教职工家属的贺信

尊敬的教职工家属朋友：

红梅点点，盘瓠傲霜随岁去；丽日融融，天蓬报喜伴春来。

在这个凝结希望的美好时节里，我们在给全体教职工送上节日祝福的同时，也向您——长期默默支持、无私奉献的教职工家属们致以最崇高的敬意！感谢一路有你们的陪伴！

四年辛茹腾龙舞，谁与潜润白马湖？

玉豕报春万象涵，家人矜慈新宏图。

正如习总书记在新年贺词中所说："2018年，我们过得很充实、走得很坚定。"2018年我们坚守承诺，中考首战告捷！我们的学社拓展课程由35门拓展到47门；我们教师近300人次获得各级各类的奖项，学生900多人次获奖。全国信奥顶尖赛，我们100%的获奖率且拿下神一般的双料冠军；我们的创客连续两年蝉联市赛第一；浙江省艺术节，我们的戏剧、摄影双项第一；学生体质测试位居滨江区榜首；2017级、2018级学生在区统测中各项指标都占显著性优势。白马湖人就是用敢想、敢拼、敢干的斗志领跑滨江，耀于杭城。

闪耀的成绩，离不开全体白马湖人在自己岗位上兢兢业业的忘我付出，离不开教职工家属们温暖而有力的理解与支持。我们是优秀的白马湖人，是您的亲人，更是您的骄傲。我们的心中充满感激与感动。

人生因缘而聚，因情而暖，也因感恩而珍惜……感谢您有这么好的亲人加入了白马湖这个大家庭！感恩一路上有你们，给予我们追逐诗和远方的动力！

岁月流金，风华溢彩，每一个起舞的日子，都是对生活的礼赞。2019，我们会站在更高的高度来审视学校的发展，我们也将会更加笃定乐观和从容自信，因为"我们都在努力奔跑，我们都是追梦人"！"让我们满怀信心和期待，一同迎接2019年的到来"，我们必将"满载一船星辉，在星辉斑斓里放歌"。

再次向您表示深深的谢意！衷心祝福：幸福安康，吉祥如意！

亲爱的，我想对你说

——2020年新春致教职工家属的贺信

尊敬的教职工家属朋友：

冬夏轮回誉湖畔，春秋五载勤耕耘。一元复始又迎春，乐传馨语诉情怀！

充满回忆的2019年悄然离去，崭新的2020年正向我们招手！365天的风风雨雨，你们与我们一同走过；365天的春华秋实，你们与我们共同拥有！365个工作日的早出晚归，换来的是白马湖学校今天的成绩。造就这些辉煌的不仅是白马湖学校的教职员工，更有白马湖学校可敬、可爱的家人们。这一年，有太多的话想对你说，借着新年来临之际，我们想和你掏掏心窝、聊聊天……

（父母篇）亲爱的爸爸妈妈，我想对你们说：每当我收拾好行李离开家门，我就知道你们又开始了新一轮的倒计时，盼着夏天，盼着冬天，盼着离家工作的我什么时候有空再回来。我还知道已经工作的我，在你们的记忆里，似乎仍停留在背着书包，在校门口和你们挥手作别的模样。亲爱的爸爸妈妈，不论我遇到什么样的困难，不论前途多么坎坷，不论经历多大的风雨，只要我拖着疲倦的身子回家，你们总在那里，永远是我坚强的后盾。又到一年年尾，我惦念那个叫"家"的地方——那间温馨的小屋是过年最美的归处，我们相守最平凡的快乐，拥有最大的幸福。爸爸妈妈，我想你们了……

（爱人篇）亲爱的老公/老婆，我总是被盛赞为"人类灵魂的工程师"，从事着"太阳底下最光辉的事业"；我常常守着教室里的三尺讲台，和众多别人家的孩子在一起……可是，蓦然回首，我忽视了我的重要身份，我是你家庭的重要组成部分，我是你携手共进的另一半。我不记得，多少次，早上你被我的闹钟铃声吵醒，睡眼惺忪地陪我一起早起，给我做早餐；我不记得，多少次，你做好的饭菜，热了又热，却依然没有在晚餐时间等到我；我不记得，多少次，你在生活中遇到难题和烦心事，需要我这个孩子和家长眼里的"万能班主任"来解答的时候，我只有一句：别吵我，我真的太累了，我要睡了。多少次，我记得全班孩子的生日，却忘了给你庆祝生日……每当你骄傲地介绍"我家那位是老师"时，我就难以掩盖我对你的愧疚。时光如梭，又是一年。谢谢你一路的陪伴和谅解，我的爱人。如果说我的辛勤工作是为祖国教育事业添砖加瓦的话，那么伟大的教育里程碑上也一定有你的功劳。

（孩子篇）亲爱的宝贝，新的一年就要到了，爸爸在这里提前祝你新年快乐。看着你健康快乐地茁壮成长，爸爸真的好开心啊！虽然你年纪很小，但你总能给爸爸惊喜，发语音说，"爸爸，你辛苦了，我好想你"。爸爸不在家时，你不让别人碰爸爸的茶杯，说"这是爸爸的"，还把你最爱的棒棒糖留给爸爸周末回去吃……在这里，爸爸还要对你说一声"对不起"——一周才能看你一次。爸爸真的好爱你啊！

亲爱的宝贝，又是一周未见了，甚是想念。记得有一次，我加班时接到你的电话。外婆问你："妈妈在哪里？"你回答："妈妈在手机里。"挂了电话后，妈妈哭了。当你的妈妈是一件幸福的事，可是做我的孩子，我却让你受了许多委屈，对不起。妈妈是老师，要以身作则，我希望我的学生成为有责任感的人，我也希望未来的你成为有担当的人，言传不如身教，我希望妈妈对工作的热爱能让你懂得责任的重要。妈妈想说，来年，妈妈一定多听听你说话，看看你画画。这次，是真话。宝贝，我爱你！

每一个白马湖人都在为更好的白马湖而奋斗，这种积极进取的精神让我们感动。但我们更知道，支持我们拼搏的还有背后那个充满爱和宽容的家庭。正因为有你们的支持和付出，才有了白马湖的今天。疲惫晚归时的那盏灯、出门时的那声关切以及凉热正好的那一餐饭……所有的种种铸就了白马湖人内心中最坚定的锚点，而这也是白马湖在前行路上最宝贵的收获。在此，我们真诚地向您说一声"谢谢"。

白马湖因你们而变得有温度、有力量。我们相信在未来的日子里，这种内在的感染力依然会推动白马湖不断前进、不断成长。

我们是相亲相爱的一家人

——2021年新春致教职工家属的贺信

尊敬的教职工家属朋友：

时光荏苒，岁序更迭。新雪初霁，我们送走了一个饱经磨难的去岁；渡尽劫波，我们又迎来一个否极泰来的新年。杭州二中白马湖学校初中部党支部、校领导班子携手工会，祝您春节安康，喜乐常伴，万事如意！

回顾2020，注定是不平凡的一年。因为疫情，我们众志成城；因为疫情，我们团结一致；因为疫情，我们看到了伟大祖国为保一方平安而努力着；因为疫情，我们看到了每一位白马湖教职工为了教育事业而奋斗着；面对疫情，我们每一位都是勇士。在这场史无前例的"多重大考"面前，我们战胜了种种不确定性，终于破茧成蝶，完成了凤凰涅槃，书写了属于自己的"庚子篇章"。

这一年，面对非常态，我们创建"停课不停学"的多元教学方案；这一年，步入新常态，我们深入探索教学模式，打磨"白马湖特色"课程；这一年，构建新生态，我们依托大数据与人工智能，打造数据驱动的全景教育。

我们的教师，以校为家，为白马湖的跨越式发展贡献着自己的力量。他们舍弃了与您的团聚，选择了在学校守护学生的安宁，他们将教师职业的大爱无疆体现得淋漓尽致。而这一切都离不开您的鼎力支持和理解：是您的辛勤付出为他们撑起了稳固的后方，是您的默默支持为他们带去了安心和鼓舞。

白马湖学校是一个校园，也是一个家园。您的家人是白马湖学校的教职工，也是学校的主人。感谢您一直支持着如此优秀、有格局、有担当的亲人们。

栉风沐雨，方得春华秋实。去岁，一年的辛勤，饱含着白马湖大家庭共同的责任与认同。斐然的佳绩，凝结着每一个白马湖人对自身岗位的无愧与担当。"道阻且长，行则将至，行而不辍，未来可期。""春回大地千峰秀，日暖神州万木荣"，让我们一起期待更加美好的明天。

当新年的熹微照亮大地之时，我们将继续结伴而行，用梦想和大爱钩织前行的旅服，倾注我们共享来日风光的无限力量！

杭州二中白马湖学校全体教职工祝您幸福安康，牛年吉祥！

天马路500号的故事

——2022年新春写给白马湖全体教职工家属的一封信

亲爱的白马湖家属们：

新年好！

在2022虎年来临之际，白马湖教育集团向你们致以新年的问候和吉祥的祝福，祝您新年愉快、万事如意、阖家欢乐！

白马湖教育集团的发展和壮大离不开您的默默支持和无私奉献。当白马湖人因为工作而减少了陪伴您的时间，请您体谅；当白马湖人为理想和目标打拼后回家时，感谢您为他留的那一盏灯。

是的，白马湖教育集团的发展，每一步都在您的支持下走得更加坚实，每一个白马湖人都应该对家人深鞠一躬，对您说声"谢谢"！我们更想说的是，白马湖今天的荣誉，同样属于你们！

2021年，对教育者来说，是不平凡的一年。从落实"双减"到细化"民促法"，从"未成年人保护规定"到"家庭教育促进法"，从"教育惩戒权"到"教师法修订"征求意见……中国教育站在了新的历史起点。也在这一年，我们成立了杭州二中白马湖教育集团，站在了白马湖发展的新的历史起点。

回望过去7年，百感交集：

这7年，是白马湖人辛勤付出、真情育人的7年；

这7年，是白马湖人精益求精、潜心治教的7年；

这7年，是白马湖人脚踏实地、砥砺奋进的7年。

7年来，我们的事业从滨江起航，走出杭州，走向浙江，走向全国——纳百川文化，成白马基业。

7年来，我们的教师怀揣梦想，向白马湖进发，从天南海北走来，从异域重洋走来——济济一堂，铸白马湖脊梁。

向历史致敬，向未来出发，既有岁月可回首，亦有前程可奔赴。

"把细小的事情做到极致便是绝招。"这是我经常挂在嘴边的一句话。但是我知道，真正落实这句话的却是我们每一个白马湖人。而每个白马湖人都有他们自己的绝招：同理心是雷东的绝招，感恩是颜柳娜的绝招，教学有趣是赵程程的绝招，"我看你行"是杨亚妮的绝招，静静欣赏是杨灿权的绝招，养成好的行为习惯是王永丰的绝招，巧妙运用层递效应是傅志浩的绝招，教育三种境界是黄健的绝招，"蹲下来陪你慢慢走"是韩高琦的绝招，情感交流和兴趣培养是蒋慧和王振的绝招，在乎过程是裴漪妮的绝招，忽视错误是史运雷的绝招，倾听引导是宣李莉的绝招，"三心"是王程的绝招，以心育心是何娜群的绝招，以身作则是鲍坛军的绝招，生命关怀是赵佩晶的绝招，尊重教育的个别差异性是罗浩的绝招，做家长教育的桥梁是上官旺胜的绝招，让每一颗星星闪耀是陈颖的绝招，简单纯粹是朱红丽的绝招，为学生消除与世界的距离感是骆圣文的绝招，效法羲和与白马是程元元的绝招，做一名领路人是查嘉怡的绝招……致广大而尽精微，白马湖人以极端认真、极端细致、极端负责的态度对待每一个细节和小事，做到踏石留印、抓铁有痕。如果再问我：白马湖的成功有什么绝招？我可以告诉你，我唯一的绝招就是我们的老师。

白马湖老师是辛苦的。如果有比白马湖老师更辛苦的，那就是白马湖的班主任。江湖上流传着一句话："白马湖的班主任不是人干的。"当然这是一句玩笑话，但确实说明了白马湖班主任的辛苦。余敬礼、许淑菁、马双峰、林佳丽、方思炜、杨峰、林志永、陈紫微、裴芳萍、张依萍、钟晓燕、吴国前、谢锦梅、谢益雨、姜卉雯、张群霞、孙玉琪、殷自荣……他们有的温柔，有的严厉，有的活泼，有的内敛，有的感性，有的理性，有的柔软，有的坚强……尽管他们性格迥异，但相同的是他们对学生无尽的爱和对教育事业不灭的热情。

白马湖老师也是幸福的，拥有学生无条件爱的方倩颖，收获家人般学生的陈春巧，收到学生满罐星星玻璃瓶的陈慧慧，在世界微尘里收获小欢喜的钟丹，收到学生鼓励字条的王慧乐，收获学生感人文字的陈诉，被学生感动的刘燕燕，毕业学生成群结队看望的陈蜜，深受学生喜爱的陈律，收获了无数个第一次的杜璟洺，拥有孩子们脸上笑容的王薇，拥有cherryday的吴英燕，收藏独一无二美好时光的徐菲，在白马湖畔追光的李亦欣，成为学生能够信赖的朋友的彭铃涛，被学生关心的沈栋梁，分班前学生拼命跑1500米的严力……这样一群为美好教育而来的人，每一天都在把文明的砖石砌进现实的地基。我们所有的努力，都是为了证明，我们不仅是教育田园的守望者，也是不确定时代的躬行者。

我们走了很久的路，风尘仆仆、倦容难掩，隐隐不安又莫名期待。幸好在暗夜里行走，我们有一群同行者——徐幸良、吴洁琴、颜莉莉、孙文琴、李青青、倪家琪、俞秋茗、杨小霞、周庆玲、潘飞燕、于爽、徐叶苹、叶明霞、杨秀兰、冯钱安来、俞楼丽、李邱斌、任红娟、张颖翡、来青青、林万松、胡月霞、孙青华、宋子晶、杨汉真、苏正萍、郑若华、邱宗水、蒋雄飞、郭紫微、施艳、舒敏、章静静、胡青山、陶良琴、侯瑶瑶、吴玉春、付贵文、裴建淇、章小琦、黄哲、来月红、缪华萍、丁佳婷、李巧燕……我们从远方赶来，恰好大家都在。我们的样子终将成为孩子的样子、未来的样子。我们也终将成为彼此的路、共同的灯。

2021年还有很多新白马湖人加入我们：鲍可敏、袁璐、程懂丽、俞怡、刘凡羽、刑柏怡、樊静、应海瑶、曹玲玲、李逸凡、陈琛、黄晗、余慧、卢思鋆、黄晶、赵悦、姜润春……欢迎你们，属于你们的白马湖故事刚刚开始，让我们共赴教育的诗和远方。

7年前，靠着一身孤勇，我来到了白马湖。7年间，孤独有时，彷徨有时，失落有时，迷茫有时。但因为有一群经验丰富且具有教育情怀的兄弟姐妹走在我的身边，我便不再感到害怕；有这些朝气蓬勃、创新进取的年轻人加入我们，我便能憧憬未来。

7年后的今天，我们日益形成了"白马湖规模"，打造了"白马湖现象"，彰显了"白马湖风采"，建立了"白马湖模式"，进而在民办教育界积蓄了"白马湖力量"，发出了"白马湖声音"。

2022年，有更多的期许、更多的盼望，愿我们继续携手同行。这一次，我们的征途将是星辰大海。

缘起湖畔

——写给湖畔学校全体教职工家属的一封信

尊敬的教职工家属朋友：

冬夏轮回誉湖畔，春秋五载勤耕耘。一元复始又迎春，乐传馨语诉情怀！

在一个极不寻常的庚子年，白马湖畔，湖西路，浙江省杭州湖畔学校如约而至。

湖畔的耕耘者们在充满不确定的环境中"边行军边打仗"，一路锤炼过来。在这场史无前例的"多重大考"面前，战胜了种种不确定性，终于破茧成蝶，完成了凤凰涅槃，书写了属于自己的"教育篇章"。

刚刚过去的一年，是湖畔飞速发展的一年，我们拒绝平庸，追求卓越，湖畔的孩子们绽放着青春的亮光。无人机大赛飞出了我们湖畔的高度，信奥竞赛决出了湖畔的广度，阳光体育棋类锦标赛赛出了湖畔的深度。湖畔教职工始终昂扬向上、团结奋斗的精神气质，是湖畔越来越被广大家长和社会认可的优良形象。所有的这些，都离不开您对我们的支持和理解。

正是因为有您对家务的精心操持，才有湖畔教职工的安心为人梯、丹心为烛；正因为有您做坚强后盾，才有湖畔教职工的任劳任怨、默默耕耘；正因为有您的无私爱心，才有湖畔教师"爱校如家，爱生如子"高尚师德风范的壮举。我们知道，您的肩上也有沉甸甸的担子。您多么希望能够在回家时看到儿女端上一杯热茶，看到父母温暖的笑脸，吃上妻子热腾腾的饭菜，靠靠丈夫宽厚的胸膛，但是，为了支持学校的工作，您选择了独自承担。在前行的路上，您始终是我们明亮而温暖的篝火。

湖西路399号的湖畔学校"栖"（居）于湖，（劳）"作"于湖，（陪）"伴"于湖，始得"三"生万物之大气，终得"九九归一"之和顺。

2019，让我们携手并进

——新春佳节致家长朋友的一封信

尊敬的家长朋友：

戌岁跃马报吉祥，亥年乘龙立宏志！

在这辞旧迎新的喜庆中，杭州二中白马湖学校初中校长周虹携全体教职工向家长朋友们致以新年的问候和美好的祝福！感谢你们一路的支持和陪伴！

正如习总书记在新年贺词中所说，"2018年，我们过得很充实、走得很坚定"。2018年，我们推出学生"成长导师制"，以实现个性化指导为目的，加强对学生进行思想引导、学业辅导、生活指导和心理疏导，充分发挥教书育人、管理育人、服务育人的作用，做到每位教师都有牵挂的学生，每位学生都有倾诉的老师，为学生快乐成长保驾护航。

2018年我们坚守承诺，中考首战告捷！我们的学社拓展课程由35门拓展到47门；我们教师近300人次获得各级各类的奖项，学生900多人次获奖。全国信奥顶尖赛，我们100%的获奖率且拿下神一般的双料冠军；我们的创客连续两年蝉联市赛第一；我们的App开发、3D设计从杭州走向全国，喜获全国二等奖；浙江省艺术节，我们的戏剧、摄影双项第一；学生体质测试位居滨江区榜首；2017级、2018级学生在区统测中各项指标都占显著优势……白马湖人用敢想、敢拼、敢干的斗志领跑滨江，耀于杭城。

闪耀的成绩，离不开全体白马湖人在自己岗位上兢兢业业地忘我付出。我们的教师守护在学生身边，日复一日，月复一月，青春从笔尖流逝，挺拔的脊背在黑板前日渐伛偻。为了学生，我们的教职工放弃了太多，也亏欠了家人太多。我们很多老师，为了学生，不能在父母膝前尽孝，不能陪伴自己的孩子，更是放弃了很多与爱人相守的时光。作为儿女、父母、爱人，他们也许是失职的；但作为教师，他们是最棒的！

人生因缘而聚，因情而暖，也因感恩而珍惜……感谢您的加入，感恩一路上有你们！有言道：最好的三角关系是家长支持老师，老师支持学生。我们殷切希望，您一如既往地关心支持学校的发展与建设。

2019，我们会站在更高的高度来审视学校的发展，我们也将会更加笃定乐观和从容自信，因为"我们都在努力奔跑，我们都是追梦人"。让我们携手并肩，一起用无尽的智慧和饱满的激情，共同创造白马湖更加辉煌、灿烂的明天。

再次向您表示深深的谢意！衷心祝福：幸福安康，吉祥如意！

附录1
他们眼中的白马湖人

王昊嘉（2018届毕业生）

如果问我想从白马湖带走什么，我希望我可以带走一束光。这束光也许是每天晨跑时偶遇的东升旭日，也许是每个深夜教学楼里温柔守候我们的一点光亮——从初一到初三，我们跑了多少步，我不清楚；我们刷完了多少题，我不清楚。但，在晨跑队伍里为我们加油的班主任、在晚自习结束带我们回寝室的生活老师，以及身旁总是说说笑笑的同学们，都在这束光里，汇成这束光。白马湖学校，一直就是一个有光的地方；白马湖人，一直在学着成为一束光。于是，我从一个普通的、懵懂的孩子逐渐找到了自己的方向，成为白马湖之光中的微芒。现在，请允许我带它走吧。作为交换，我也希望我能还给白马湖一道光——我愿以"白马湖人"之名，尽力地去拼一把，在将来的某一天，把我的一点荣光送上。无愧作为白马湖人，荣光属于白马湖人。

华英姿（2019届毕业生）

白马湖的老师，是我见过的最有耐心的老师，也许他们是全国特级教师，也许他们出过许多年的中考卷，他们有名望、有标签，但对于我们，他们就只剩下了"老师"这个名词。三年来，他们一点点地教会我们如何做题，一遍一遍，不厌其烦。更是他们，用自己积淀了多年的精华与涵养，毫无保留地、悄无声息地塑造着我们，造就一个学问与思想方面双重的、更加优秀的白马湖人。

2018届毕业生家长

白马湖的所有老师，都让我感动。天马剧场，萦绕着周虹校长的声声叮咛；风雨操场，响彻着体育老师的阵阵哨声。白马湖的周末很短，但老师们都在。他们舍弃了与家人的团聚，放弃了陪伴自己的孩子。教室里，他们给学生答疑解惑；教室外，备课组讨论钻研。初三一年，杨灿权老师两度手术，身体重创，却坚持重返岗位；郑老师就就业业，坚持用打卡培养学生的习惯，听说读写样样抓牢；裘老师关注基础重视提高，在关键处给孩子点拨；钟老师关注孩子的课堂表现，在孩子走神时及时提醒，语重心长；赵老师年轻有活力，用自己学语言的经历引导着孩子终身成长……老师，要给学生一杯水，必须准备一桶水，这是老师们常常自勉的；但在白马湖，我觉得老师们准备了一湖水。在这湖水里，有白马的纯净，那是老师们的无私；在这湖水里，有天马行空的高远，那是老师们的眼界；在这湖水里，有大海的深邃，那是老师们的深情。白马湖的每一位老师，都浸透着爱和智慧；每一株草木，都散发着爱和智慧的芬芳。我想，孩子在白马湖的三年，会给他一生的营养。

2018届毕业生家长

爱上一座城，大抵是因为城里住着你爱的人。爱上"白马湖"三个字，是因为一群可亲、可敬、可爱的白马湖老师们。三年光阴如白驹过隙，我想告诉我的孩子，白马湖学校留给爸爸的记忆这辈子都无法抹去。第一幕，是三年前的某个深夜，胡月霞老师发给爸爸的长长的微信："多多爸爸，这段时间，我经常看到多多一个人在校园里走，与同学课间交流嬉戏也少了，可能是刚进入初中没有适应这里的学习节奏……看到他有点孤独的背影，可能他更需要您的鼓励。"此后一幕幕，是三年来杨秀兰老师、来青青老师一棒接着一棒引领你爱上数学；是盛煜晖老师以青春和梦想点燃你文学的激情；是姚铃儿老师在你英语成绩不理想、畏难情绪严重、几近放弃的情况下，不断引导鼓励，坚持不懈帮助你改进学习方法，一点一点让你重拾信心，最终战胜自己；还有吴老师、雷老师、杨老师、杜老师、陈老师……白马湖学校的三年，让我真切切地感受到周虹校长在孩子们入学典礼时讲的那句话："这个世界上，老师是除了爸爸妈妈和至亲以外，最希望你成材和变得越来越优秀的人。"

2019届毕业生家长

校长很重要。遇见白马湖，纯属偶然。因为周校长的慧眼，因为周校长对办好学校的规划和对教育那份发自内心的热爱，小罗同学有幸成为白马湖的一员。三年，我们见证了学校的快速成长、一飞冲天。周校长是所有白马湖学子的贵人！

老师很重要。走进白马湖，才知焦虑是什么滋味。好在，有老师在。三年，多的是老师的开导、建议和"攻守同盟"。忘不了班主任慈母般的引导，让小罗同学有惊无险地度过初一；忘不了各科老师对小罗同学的厚爱，点醒初二的小罗同学明白优秀来自努力；忘不了成长导师亦师亦友、画龙点睛之笔，让初三的小罗同学明白学习不光是分数还有善良和远方。真心感谢所有的老师，你们真实诠释了人类灵魂工程师的模样！

环境氛围很重要。相识白马湖，才真正感受、理解和什么人在一起的重要性。三年，N次被学校仪式感很强的活动所感动；三年，N次被周围学霸激发而再努力；三年，N次因老师群中学习的提醒鞭策而砥砺前行！

家长很重要。相知白马湖，慢慢懂得养育之道。孩子是自己的，传承需要言传，更需要身教。白马湖三年，是我们和孩子共同成长的三年！感谢白马湖，遇见您真好！

2020届毕业生家长

孩子从白马湖学校毕业已近三年。这些年，我们时刻关注着白马湖的一切，感受着白马湖的气息，分享着白马湖的每一个喜讯……天下无不散的宴席，但白马湖暖心的记忆一定是最长情的。每当回顾白马湖的点点滴滴，内心总是会被触动，原来我们的孩子曾如此幸运：遇到的每位老师都那么认真、负责、公平、公正。孩子们成绩下滑，情绪波动，老师们比我们做家长的更有耐心，及时疏导、对症下药；也会第一时间和我们取得联系，交换意见，提出建议。我们的孩子又如此富有：一起共同参与了那么多的活动，在活动中提升了能力，明白了责任、分享和协作，在活动中凝聚起师生间的友谊，凝聚起白马湖人的集体荣誉感，收获成长和感恩……

周校长一直强调"把细小的事情做到极致"，正因为如此用心，白马湖学校才能够傲立杭城。

张群霞老师

清楚地记得当初未见到白马湖时，我的心中是紧张、忐忑的，而上官主任作为招师负责人，则是第一位给我鼓励和温暖的白马湖家人。他耐心地为我解答各种困惑，并在工作和生活上处处关心我这个新白马湖人。蒋主任是我遇见的第二位白马湖人，报到那天刚好是周六，值班的蒋主任帮我开了宿舍，联系了吴妈，解决了问题。说起吴妈，在我心中，她是白马湖传奇般的存在，我从来没有见过一位像她那么热情又万能的老师：只要你工作、生活上有困惑，找到她，她总能帮你驱散心中的雾霾，并重新树立起你的信心，所以我们都亲切地叫她"吴妈"。邱主任，我刚见他时，有些敬畏，因为他不苟言笑。到了期中检测结束，因为班里的突发状况，他帮我紧急召开班级会议，帮我坐镇，处理好学校和家长的关系。我的德育师父则是我钦佩的另一位风云人物。她的经典语句："别怕，有事我们一起上。"我的教学师父和我分享了她当初刚来白马湖时的情景，鼓励我教学创新，并指导我如何做好课后学生辅导。而我的副班主任则是实实在在的暖男。我不在校的日子里，他就是我们班的老大；水痘隔离的日子里，他就是我们班的守护神；一到课堂上，他就变身温文儒雅的美术大师……后来，越来越多的白马湖人走进了我的工作和生活圈子中，他们给我带来的不仅是同事间的那份理解和支持，更多的是家的味道和家人般的关怀。

附录2
他们给白马湖留下了……

冠山之麓，白马湖边，三载春秋。走过花坛，把目光，留给那艳丽的群花；走过教室，把智慧，留给那瞩目的荣耀；走出校门，回望一眼，那些汗水，那些记忆，也永远地留给了它——白马湖学校。

初三3班　杨奕涵

我想给白马湖留下一张录取通知书。它意味着荣光与希冀，拉开了三年奋斗岁月的序幕，标志着我们真正成为白马湖人，将披星戴月奔赴我们的理想。如果录取通知书能见证我们的成长，我愿让它成为引领我们前行的航标！

初三9班　杨　然

我想给白马湖留下一副沙袋。三年前，我人生第一次跑800米，跑了五分多钟，但我只觉得能跑下来就是奇迹。三年中，我曾无数次抱怨晨跑的辛苦，但在沙袋的陪伴下，我奔跑的脚步不知不觉地加快了。三年后，离别在即，我发现自己开始怀念每天清晨的晨跑，怀念以奔跑的姿态迎接青春的阳光。如果将沙袋留下可以留住挥汗如雨的青春，我愿用它搭起通往理想的虹桥！

初三6班　胡毅涵

我想给白马湖留下一张饭卡。别看这张饭卡小小的，却承载了一千一百个日夜。无论是食堂里的美食诱惑，还是排到风味餐时的喜悦，种种经历交织在一起，共同构成三年的温馨记忆。当你踏上前途，白马湖的美食总能给你力量，成为你的坚强后盾。如果将这张饭卡留在白马湖，不仅是我在这里生活过的证明，也保存了一份感恩和念想！

初三4班　马艺洋

我想给白马湖留下一本剧本。有人说白马湖的舞台很大，大到你不得不上台。校戏剧节上，我展现自我，即当了一回导演，又圆了我的演员梦。这三年，一点一滴，虽不是什么浓墨重彩的绘画，却是必不可少的辽阔背景。在白马湖，你会拼搏、圆梦，因为总有一个地方适合你，让你光芒万丈！

初三5班　俞诺轩

我想为白马湖留下一只陶杯。压泥，拉胚，干燥，上釉，烤制，每一步，从最开始的生疏，到最后的熟练，犹如我在白马湖的三年，从稚嫩走向了成长。在白马湖多样化的社团中，我发挥了自己的特长，逐渐成了更优秀的自己。如果将陶杯留下可以留住三年天马行空的美好，我愿用它定格这多彩的青春！

初三1班　张德邦

我想为白马湖留下一张准考证。这是白马湖给我的第一份见面礼。之后的每一场考试我都会收到这样的一张准考证，它们见证着我的点滴成长和奋力拼搏，记录着我与白马湖的独家记忆。现在，我把我的初心留给白马湖，留给这个我挥洒过汗水的地方。若干年后，待我黄沙百战，重回白马湖！

初三8班　楼叙均

我想为白马湖留下一份错题本。三年的路不会一直顺风顺水，错题本就是我们在白马湖的垫脚石。我看着红笔、黑笔的痕迹织上白纸，编织了我们的成长历程，记下了一路的坎坷，教会了我们承受风吹雨打。如果将错题本留下可以留住我们走过的泥泞的路，我愿用它编织光明的前途！

初三2班　祝子尧

我想给白马湖留下一枚勋章。白马湖的三年，改过无数错误，跨过无垠荆棘，方能收获成功，方能收获荣誉。这枚勋章代表着白马奖，更代表了白马湖一脉相承的优秀品质。这份荣誉一直激励着我，让我能够迈上更高的台阶。愿我们如果将勋章留下可以铭记这份优秀与荣誉，那我愿用它留住自信、留住青春！

初三10班　李知恒

我想为白马湖留下一张合影。同学三年，我们同沐春风、共沐秋雨。在互帮互助中成长，在欢歌笑语中演绎一段又一段友情。我们在挫折中蜕变，在羁绊中收获。初中三年如白驹过隙，如今我们即将毕业，如果一封合照可以留下我们的青春记忆，守住我们的友谊，那我愿用它定格时间，用它封存可贵的真情……

初三7班　陈　长

我想为白马湖留下这些奖励卡。年级组长汉真哥的"白马五星"奖励卡，Sherlock的"118神饼"或"记忆糖果"，徐幸良老师时常掉落的言语或食品关爱，还有更多……在无数等待领取的队伍中，它们早已跳脱出单纯的奖励机制，而是情感的实质化，是师生间、同学间的情感交流。也许你上一秒还恼怒于师长的严苛，下一秒又融化在他们与你的共情中。留下这些奖励卡，留住白马湖情谊，让这份情谊滋养我们不断茁壮成长。

附录3
参考书目

1. 滕大春. 外国教育通史：第一卷［M］. 济南：山东教育出版社，1989.

2. 孙培青. 中国教育史［M］. 上海：华东师范大学出版社，1992.

3. 中共中央马克思恩格斯列宁斯大林著作编译局. 马克思恩格斯全集：第一卷［M］. 北京：人民出版社，2009.

4. 中华人民共和国教育部. 中小学德育工作指南［S］. 北京：教育部，2017.

5. 万明钢. 文化视野中的人类行为［M］. 兰州：甘肃文化出版社，1996.

6. 鲍宗豪. 网络文化概论［M］. 上海：上海人民出版社，2003.

7. 张文华. 创新与实践活动［M］. 上海：上海科技教育出版社，2006.

8. 张楚廷. 教育哲学［M］. 北京：教育科学出版社，2006.

9. 张楚廷. 张楚廷教育文集：第14卷［M］. 长沙：湖南人民出版社，2012.

10. 施良方. 课程理论：课程的基础、原理和问题［M］. 北京：教育科学出版社，1996.

11. 富兰. 教育变革新意义［M］. 赵中建，译. 北京：教育科学出版社，2005.

12. 张乐天. 教育政策法规的理论与实践［M］. 上海：华东师范大学出版社，2002.

13. 巴哈丁. 教育与未来［M］. 道余，译. 北京：人民教育出版社，1999.

14. 马卡连柯. 论共产主义教育［M］. 北京：人民教育出版社，1954.

15. 袁振国. 教育改革论［M］. 南京：江苏教育出版社，2005.

16. 联合国教科文组织国际教育发展委员会. 学会生存：教育世界的今天和明天［M］. 韦钰，译. 北京：教育科学出版社，1996.

17. 雅斯贝尔斯. 什么是教育［M］. 邹进，译. 北京：生活·读书·新知三联书店，1991.

18. 拉塞克，维迪努. 从现在到2000年教育内容发展的全球展望［M］. 马胜利，高毅，丛莉，等，译. 北京：教育科学出版社，1996.

19. 廖哲勋，田慧生. 课程新论［M］. 北京：教育科学出版社，2003.

20. 萨乔万尼. 校长学：一种反思的实践观［M］. 张虹译. 上海：上海教育出版社，2004.

21. 钟启泉. 基础教育课程改革纲要解读［M］. 上海：华东师范大学出版社，2001.

22. 钟启泉. 教育方法概论［M］. 上海：华东师范大学出版社，2002.

23. 崔允漷. 学校课程实施过程质量评估［M］. 上海：华东师范大学出版社，2017.

24. M·戴维·梅里尔. 首要教学原理［M］. 盛群力，等，译. 福州：福建教育出版社，2016.

25. 祝智庭. 现代教育技术：走向信息化教育［M］. 北京：教育科学出版社，2002.

26. 高凌飚. 基础教育教材评价：理论与工具［M］. 北京：人民教育出版社，2002.

27. 霍尔吉纳，霍德雪莱. 实施变革：模式、原则与困境［M］. 吴晓玲，译. 杭州：浙江教育出版社，2004.

28. 中共中央党史和文献研究院. 习近平关于注重家庭家教家风建设论述摘编［M］. 北京：中央文献出版社，2021.

29. 苏霍姆林斯基. 和青年校长的谈话［M］. 上海：上海教育出版社，1983.

30. 苏霍姆林斯基. 给教师的建议［M］. 北京：教育科学出版社，2000.

31. 李希贵. 学校如何运转［M］. 北京：教育科学出版社，2019.

32. 亨利·明茨伯格. 卓有成效的组织［M］. 魏青江，译. 北京：中国人民大学出版社，2012.

33. 巴纳德. 经理人员的职能［M］. 孙耀君，等，译. 北京：中国社会科学出版社，1997.

34. 张新平，褚宏启. 教育管理学通论［M］. 北京：高等教育出版社，2012.

35. 王阳明. 传习录［M］叶圣陶，点校. 北京：北京联合出版有限公司，2017.

36. 涂尔干埃米尔. 社会分工论［M］. 渠东，译. 上海：生活·读书·新知三联书店，2000.

37. 查尔斯·泰勒. 自我的根源：现代认同的形成［M］. 韩震，译. 南京：译林出版社，2001.

38. 约翰·E·丘伯，泰力·M·默. 政治、市场和学校［M］. 蒋衡，等，译. 北京：教育科学出版社，2003.

39. 托马斯·J·萨乔万尼. 道德领导：抵及学校改善的核心［M］. 冯大鸣，译. 上海：上海教育出版社，2002.

40. 王思震. 教师论［M］. 南京：江苏教育出版社，2002..

41. 丹尼尔·U·莱文，瑞依娜·F·莱文. 教育社会学（第九版）［M］. 郭锋，黄雯，郭菲，译. 北京：中国人民大学出版社，2010.

42. 朱智贤. 心理学大词典［M］. 杭州：浙江教育出版社，1986..

43. 杜时忠. 学校德育体系的建构［M］. 武汉：湖北教育出版社，2016.

44. 顾明远. 顾明远教育演讲录［M］. 北京：人民教育出版社，2014.

45. 大卫·休谟. 道德原则研究［M］. 曾晓平，译. 北京：商务印书馆，2001.

46. 张世英. 自我实现的历程———解读黑格尔《精神现象学》［M］. 济南：山东人民出版社，2001.

47. 张大均. 学校心理素质教育概论［M］. 重庆：西南师范大学出版社，2004.

48. 车文博. 人本主义心理学［M］. 杭州：浙江教育出版社，2013.

49. 陈金定. 青少年发展与适应问题理论与实务［M］. 上海：华东师范大学出版社，2009.

50. 姚本先. 学校心理健康教育新论［M］. 北京：高等教育出版社，2010.

○○○

后 记

又到一年清风鸣蝉、蛙声一片的6月。又一届白马湖初三的孩子们刚刚交出了中考的答卷，等待着成绩的揭晓；第二届白马湖毕业生结束了高考的鏖战，佳绩频传。据不完全统计，今年全省高考前100名学子中，有3名来自白马湖，还有1名白马湖孩子直接保送清华。

7年，白马湖送出了1000多名孩子，他们中有的已经考取了心仪的高校，有的求学于高一级中学。舞台或许不同，但白马湖的孩子们都绽放出了同样耀眼的光芒与自信，能独当一面，能引领一域。

一千名白马湖孩子，有一千种成功的方式。这或许是白马湖真正的成功。"世界上没有两片完全相同的树叶"，正因为没有两片完全相同的树叶，世界才变得如此精彩。像世界上的万物都存在差异性和多样性一样，学生群体由于先天的素质和后天所处的文化环境、家庭教育背景等的不同，也存在着差异性和丰富性（当然包括先天性特殊群体），这种差异性主要表现在智力类型和个性特征上，必然会导致学生个体的学习效率和学习效果出现优劣高低。但在信奉竞争是硬道理的"江湖法则"和适者生存的"丛林法则"的学校教育中，学生往往被视为分数的"显示器"，而没有了人的个性、情感、动机与生命力。

管子说，十年树木，百年树人。育人是播种、耕耘、收获的长周期事件，适用的是最朴素的园丁之道、自然之法。就像苏霍姆林斯基所说，"种子今天播在耕耘得很好的土壤里，并不一定明天就可望发芽。今天所在做的事，往往若干年后才可以进行评价"。这是教育工作十分重要的规律之一，它不仅要求教育者杜绝急功近利的思想，以长远的眼光来看问题，更让教育者明确了教育的"可为"与"不可为"。办学治校，力的作用应该施于耕耘土壤之上，而非在种子的生长上"拔苗助长"。

教育是养土工程，没有什么高深的法门，"把细小的事情做到极致就是绝招"。而这，正是白马湖成功的真正秘诀。

把细小的事情做到极致，才有了本书细数的种种白马湖细节，难以忘怀。把细小的事情做到极致，才有了书写白马湖传奇的白马湖家人们，致敬同行。致敬将白马湖高效行政做到极致的初中部三中心主任邱宗水老师和初中部综合办公室主任上官旺盛老师；致敬将白马湖的课程赋能做到极致的教学与课程中心主任宋子晶老师，以及不断提升学校教学质量的各科教师；致敬将白马湖教师发展做到极致的师训与科研中心主任陈虹老师，以及学校教研相长的每一位教师；致敬将白马湖的立德树人做到极致的学生发展"三驾马车"——学生与活动中心主任赵佩晶老师、团队活动室负责人施艳老师和校心理辅导站站长舒敏老师，以及陪伴学生一路成长的每一位成长导师；致敬将白马湖的校园之美做到极致的后勤与服务中心主任蒋雄飞老师，以及让学校如家般温暖的后勤"天团"；致敬将白马湖的家校协作做到极致的白马湖家委应爸、季妈，以及始终信任、始终关心学校发展的白马湖家长们……致敬我们，致敬每一个更好的白马湖人！

又一个暑假即将开始，白马湖水绿了又蓝。7年前平整操场、盖楼房的挖掘机的声音早已融在了白马湖孩子们的笑声、歌声、书声里。一群白马湖孩子将从这片土地策马天涯，一群簇新的白马湖孩子将在这片土地上播种生长，周而复始。白马湖学校也从这片土地开始了集团化办学的新探索，从独木，到森林，周而复始。

我知道，白马湖的孩子们长大了，白马湖人长大了，白马湖学校长大了，白马湖长大了！

这里是一艘航船，承载理想，承载希望；

这里是一片森林，需要水分，需要阳光；

这里是一片处女地，需要耕耘者的坚韧、拓荒者的顽强。

我们追寻教育的诗意，诗意的教育是我们的理想：

诗意的环境，诗意的教师，诗意的课堂；
诗意的学生，诗意的家长，诗意的社会。
我们协力培育着诗意的土壤，只期望——
从这里走出去的人，任意驰骋，诗意地栖居在大地上。

信笔至此，书几行小诗，收笔，亦伏笔。

园虹

壬寅夏至

图书在版编目（CIP）数据

把细小的事情做到极致：白马湖式的"优秀教育"管理智慧与实践探索 / 周虹著. — 上海：文汇出版社，2022.7

ISBN 978-7-5496-3846-8

Ⅰ.①把… Ⅱ.①周… Ⅲ.①中学—学校管理 Ⅳ.①G637

中国版本图书馆CIP数据核字(2022)第139872号

把细小的事情做到极致

周　虹 / 著

白马湖式的"优秀教育"管理智慧与实践探索

责任编辑 / 汪　黎

装帧设计 / 六艺教育

封面设计 / 李雪萌

出版发行 / 文匯出版社

　　　　　上海市威海路755号

　　　　　（邮政编码200041）

印刷装订 / 杭州罗氏印刷有限公司

版　　次 / 2022年7月第1版

印　　次 / 2023年1月第2次印刷

开　　本 / 787×1092　1/16

字　　数 / 222千

印　　张 / 14.5

ISBN 978-7-5496-3846-8

定　　价 / 68.00元